U0142438

Justice

超級公民

正義

Center for Civic Education　原著

財團法人民間公民與法治教育基金會、財團法人蘇天財文教基金會　聯合出版

五南圖書出版公司 印行

出版緣起

財團法人民間公民與法治教育基金會執行委員　張澤平律師

　　本書原著是美國公民教育中心（Center for Civic Education；www.civiced.org）所出版的《民主的基礎 —— 權威、隱私、責任、正義》（Foundations of Democracy：Authority、Privacy、Responsibility、Justice）教材中，適用於美國 10 至 12 年級學生的部分。原著的前身則是美國加州律師公會在 1968 年，委託設於加州大學洛杉磯分校（UCLA）的公民教育特別委員會，所發展的「自由社會中之法律」（Law in a Free Society）教材。教材的發展集合律師及法律、政治、教育、心理等專業人士共同開發而成，內容特別強調讀者的思考及相互討論。原著架構歷經將近五十年的淬鍊，目前已廣為世界各國參考作為公民教育、法治教育的教材。出版者有感於本書的編著結合各相關專業領域研發而成，內容涉及民主法治社會的相關法律概念，所舉的相關實例生動有趣，引導的過程足以帶動讀者思考，進行法治教育卻可以不必使用法律條文，堪稱是處於民主改革浪潮中的台灣社會所不可或缺的公民、法治、人權、品德教育參考教材，因此積極將其引進台灣。

　　這本書的主題 ——「正義」，是民主法治國家所有制度奠基的基礎。雖令人感到抽象不易掌握，但透過本書所舉的實例及相關問題，則不難領略其內涵。書中鮮少有空泛的論述，取而代之的是一個一個發生在社會中的實例及問題，以及解決問題的思考工具（Intellectual Tool）。書中從不直接提出問題的答案，而希望師長帶著學生，或讀者彼此之間，在互相討論的過程中，分享、思考彼此的想法，進而紮實的學習領會書中所討論的觀念。討論不僅可使這些抽象觀念更容易內化到讀者的價值觀裡，討論的過程更可匯集眾人的意志，進而訂定合理的規範，是民主法治社會中最重要的生活文化。（歡迎讀者至民間公民與法治教育基金會官網 www.lre.org.tw 參與討論）

　　引進本書其實也期望能改變國內關於法治教育的觀念。不少人認為法治教育即

是守法教育，抑或認為法治教育應以宣導生活法律常識為主。然而，如果能引領學生思考與法律相關的重要概念或價值，則遵守法律規範，當是理所當然的結果。懂得保護自己權益的人，當然也應當尊重別人的權益，更不必耗費大多數的課堂時數逐條詳述瑣碎的法律規定。由此當可理解，法治教育應對施教的素材適當地設計揀選，才能夠達到事半功倍的效果。此外，無論法治教育的施教素材為何，也應當都是以培養未來的公民為目標。過度強調個人自保的法律技巧，並無助於未來公民的養成，當非法治教育的重要內涵。現代法律隱含著許多公民社會所強調的價值，例如：人權、正義、民主、公民意識、理性互動等等，都有待於我們透過日常生活的事例加以闡釋，以落實到我們的生活環境中。未來能否培養出懂得批判性思考的優質公民，已成為我國能否在國際舞台上繼續保有競爭力，以及整個社會能否向上提升的重要挑戰。

　　自 2003 年起，民間司法改革基金會即與中華扶輪教育基金會、台北律師公會共組「法治教育向下紮根特別委員會」，將美國公民教育中心在美國出版的《民主的基礎—權威、隱私、責任、正義》系列出版品（包含「兒童版」、「少年版」、「公民版」之教材及其教師手冊）授權在台灣地區翻譯推廣，執行多年來，已在多所國中小校園內實施教學，並榮獲教育部國立編譯館 94 年度、95 年度獎勵人權出版品之得獎肯定。本基金會再翻譯出版此一進階書籍，期盼能進一步喚起國人重視人權及民主法治的教育問題，也期待各界的支持與指教。（本書另有教師手冊，請洽五南圖書出版公司）

張澤平

法治教育讓人民找回主動權

中央研究院社會學研究所研究員　張茂桂

什麼是民主的基礎？看你問誰，不同人可能有不同的答案。

當代知名政治學者 Adam Przeworski，他特別看重民主的制度性效果，認為相較於其他都更差的政治制度設計，民主有個獨門的優點，在於人民可以不需透過暴力，用和平的手段更換自己的統治者（政府）。這種效果／效益，足以構成民主的「極簡定義」，也足以捍衛民主的優越性。

Przeworski 進一步用四個與選舉結果有關的指標，判斷何謂「民主」政體：（一）行政首長必須由民選，或由民選的代議機構選舉產生；（二）立法機關也必須是由民選產生；（三）選舉時有不止一黨的競爭；（四）在相同的選舉規則條件下，發生權力的輪替至少一次。

他認為，人們不應小看這幾件事情，因為放眼世界，人民能持續選舉自己的統治者，讓政權和平轉移持續發生，不是理所當然的事情。以我們臺灣自己的經驗來看，1978 年曾爆發「選舉萬歲」的政治抗議言論，當時威權統治下的「黨外人士」，冒大不諱投入選舉，出現所謂「選舉假期」的短暫言論自由現象，等選舉完畢之後狹小的自由之窗立即關上，而當時黨外人士還面臨秋後算帳，選輸坐牢的風險。而等到臺灣能完全符合這四個簡單的民主政體條件，已經是公元 2000 年 5 月第一次政黨輪替之後的事情。從 1978 年算起到「民主政體元年」，經過 22 年，而從民主政體元年至今，也才 18 年而已。

Przeworski「選舉很重要！」的民主觀點，看似簡單，但有一個關於人類社會的現實的出發點：人類社會原本很多衝突的社會關係，用暴力（violence）解決爭端是相對誘人的手段。而政府的功能，形同在讓一些人的意志可以合法地，壟斷武力地去壓制另外一些人的意志。而選舉是讓政府的更替，只要遊戲規則許可，贏家與輸家都非事先確定，如果壓制者與被壓制者皆知道通過選舉可以和平且合法地輪替，大家就能維

護和平與自由參政的體制,而這就是最重要、不可取代的民主的功能。

這固然有化繁為簡的好處,但 Przeworksi 很清楚這樣的極簡主張,須把政治想像成政治制度問題,限「純」政治權力來看,以致於有幾個重要範疇問題沒被充分處理。首先,(一)執政者壓制反對者的手段,必須在法律規範之內「合法」進行,而且要可以被充分問責。這個意思是民主必須有相對獨立的司法、以及立法體系,能制衡行政部門的權力,這是民主與「法治」不可分的強烈主張;(二)不論是執政者或者是在野者,人民都有予以監督的可能。人民不但有法律保障的自由討論與辯論權利,言論自由的重要不在話下,前提更須要政府資訊要公開,決策的程序法則與透明度;(三)人民仍然要能進行自我賦權,對於民選政府、民選議會,要有直接問責或制衡的權力。或者說:人們能找回參與政治、督促政府與代議者的主動權,而不是處於被動的被統治的狀態。這是晚近參與式、審議式民主、公民社會與「強韌民主」(strong democracy)的各種主張的精神。

此外,「純」政治民主,並不及於人民關懷的其他問題,例如民主的治理品質,新興民主的民主鞏固,甚至涉及到經濟發展與生活水準等問題。而且,人民對於「政治」,有越來越多的想像,所謂「日常生活政治化的趨勢」。日常生活政治化,就是所有的政府在日常生活中,很多看不見的檯面下的「管制」(或者疏忽的「不管制」),文化傳統中的幽微「道統」,現在都有可能被高舉看見,被揭示解構成為檯面上的政治問題。舉例如身體政治、性別政治、空間政治、科技的民主、基因改作、生態與氣候變遷等等,都是新的「政治」,需要被看見且進行的民主議題。

民主日常化還有一個原因,就是一般理解為「制度同型化」的過程。民主作為一種主要解決紛爭的策略,例如平等投票,任期,程序與法治,幾乎不能避免會在其他制度範疇中「傳染」、「擴散」,在其他非政黨、非政治的環境中為最主要解決衝突的標準。例如在生產制度中的工會、產業組織、企業,或者在教育制度的學校、專業組織,甚至在社區、傳統的寺廟、宗族組織中,都有開始引用了民主的價值與調解衝突的法則。

我們如果不從選舉制度來想像民主,我們其實還可以從「選民」,或者更正確說,

從「公民」的角度出發來想像民主。因為，不論我們談的是選舉民主，還是生活民主，應該都脫離不了具有權利意識、身分、及實踐能力的公民。公民並不等於選民，因為公民包括了那些可能沒有投票權的未來公民，或者常被邊緣化的「其他人」（the others）公民。

以今日世界而言，貧富差距，生態風險都在擴大，一國之內的民主治理，常因為國境之外遠方的戰爭、飢荒、金融風暴、病疫，以及不在地的生產者、消費者、勞工等等問題，而陷入效能不彰，難以為繼的困境。民粹威權，不但取代一些新興的民主體制，在一些老牌民主國家中，也有重返主流政治的情形。

我們可以預見未來的公民，包括臺灣在內，一方面可能會比以往有更多的自由、平等的要求，歧見與社會分化導致社會更難形成共和意識，另一方面將因為的全球經濟與資源競爭的生存壓力更艱鉅，導致人們期待更有效率，甚至獨斷的強人政府。在這兩種條件的拉鋸下，我們不但不能誤認為民主永續不是問題，反而要珍惜民主政治和平解決衝突的獨門「極簡」功能，並要能發展出以公民為主體的強韌的民主素養教育，抵擋各種反自由、平等基本價值的威逼利誘，侵害民主體制的各種分化統戰，堅定如鬥士般的行動。

這一套「民主系列」叢書，是由美國加州的一個非政府組織，「公民教育中心」所出版，「權威」幫助學生理解政府權威、權力的正當性（與限制）的問題，「隱私」幫助學生理解個人自由與自由社會的連結與界線，「正義」幫助學生發展分析、評價不同的是非與公平性問題，「責任」幫助學生理解各種政治抉擇、生活抉擇的影響及後果的意涵。本系列原本的目的是為美國的教師與學生的需要而編寫，有適合小學生的少年版也有青少年版，很多舉例也都是美國的政治背景，但沒想到此一系列出版後不久被翻印成四十多種語言。基本民主素養的跨國參考的重要性不言可喻。

在此翻譯本問世的同時，很不幸地，美國給人們的印象已經不是最好的民主典範國，我們在參照學習這些美國公民教育的教材與教法的同時，必須由衷自我期許，將來還是要能發展出更適合我們自己需求，建構支持民主法治、人權的強韌的公民素養的教材、教法來，這還需要政府與民間投入更多的努力。

「超級公民」叢書的出版，能成為未來首投族們絕佳的選民教育教材

台灣少年權益與福利促進聯盟秘書長　葉大華

臺灣自 2011 年依《兒童權利公約》〈簡稱 CRC〉精神將《兒童及少年福利法》大幅翻修為《兒童及少年福利與權益保障法》，2014 年制定《兒童權利公約施行法》，讓 CRC 的權利規定及聯合國兒童權利委員會對公約之解釋具有國內法律之效力。依據「CRC 施行法」第七條：政府應建立兒童及少年權利報告制度，於本法施行後二年內提出第一次國家報告，其後每五年提出國家報告。故我國政府參照聯合國審查 CRC 國家報告的模式，於去年 2017 年 11 月 20 日完成了我國首次的國家報告國際審查會議。而受邀來台的五位國際審查委員，在總結提出的 97 點結論性意見中，特別針對 CRC 的兒少表意參與權利及公民教育提出了觀察與建議。

其中第 75 點兒童權利與公民教育：委員會建議將人權（尤其是兒童權利）納入各種教育形式和層次（包含國民教育）的必要性元素。委員會進一步建議，應為各種年齡層和身心能力差異的兒童製作適宜的教材，教師亦必須接受兒童權利的知識和培訓。委員會另建議，教育部應支持兒童參與公眾事務與公民教育相關的培力活動，以落實 CRC 自由表達意見的權利。同時，兒童權利委員會透過解釋 CRC 的第 20 號一般性意見書：青少年時期兒童權利的落實，提供給各國為落實青少年權利所需的法律、政策和服務指南，以促進青少年全面發展。聯合國特別建議各國應增強青少年的權能，承認他們的公民身分，讓他們積極參與自身生活。其中更要確保讓青少年與兒童在學校和社區、地方、國家和國際各層級，參與制訂、執行和監測影響其生活的所有相關法律、政策、服務和方案。

其實早在 2005 年「行政院青少年事務促進委員會」的委託研究即指出，臺灣政府應鼓勵青少年針對地方自治、國家政策及重大議題進行公共討論，並提供青少年參與決策之管道。在促進青少年公共參與的同時，政府部門亦必須學習如何在政策制定過程中納入更多的公民參與，並提升公民參與的深度與能力。除此以外，青少年充分參

與青少年相關政策的決策過程，能使政府避免盲點，制定出真正切合青少年利益與需求的政策。（青少年政策白皮書綱領，2005）。因此無論從上述 CRC 結論性意見或是我國青少年政策的發展，皆相當強調兒少參與在各種層級決策機制的重要性與意義，除了鼓勵發聲，更重要的是政府應盡早投資兒童及青少年的公民能力的養成。

公民素養與能力的養成，是打造健全公民社會的重要基礎，其中需要以人權教育作為核心，法治教育作為思辨工具。誠如五位 CRC 國際審查委員的建議，我們應為各種年齡層和身心能力差異的兒童製作適宜的教材，教師亦必須接受兒童權利的知識和培訓，並協助青少年與兒少有能力參與在各層級相關決策事務上，因此相關的公民素養教材的研發與推廣至為重要。民間公民與法治教育基金會將美國公民教育中心授權出版的《民主的基礎—權威、隱私、責任、正義》系列在台灣地區翻譯推廣，過去已完成了「兒童版」及「少年版」，也都在國中小校園有很好的推廣成效。如今完成了「超級公民」教材的翻譯，針對的對象是高中職階段接近成年的青少年，正好能接軌落實CRC 結論性意見，做為強化青少年公民參與知能的教材。此外經過台少盟等推動十八歲公民權團體的多年努力，我國也於今年 1 月 3 日公布修正《公民投票法》，將公民投票權人年齡下修至十八歲，青年學子也將正式參與國家重要政策的決定。因此「超級公民」叢書的出版，恰好也能成為未來公投首投族們絕佳的選民教育教材。

我們向來主張，投票權是賦予青少年進入公民社會的入門票與信任票，在此之前應該要及早投資其公民能力的養成，培養其成為具思辨能力、理性成熟的社會公民，以因應為平衡權利義務對等、人口結構變化，以及擴大青年參政而持續下修投票年齡的民主政治潮流。但公民能力的養成是一連串培力與體驗實踐的過程，在青少年們仍是準公民的階段，就應提供其具備對於權威、隱私、責任、正義等民主概念的基本認知。因此很高興有「超級公民」叢書的出版，內容不僅淺顯易懂，少有空泛論述或冗長的法律條文，且非常強調透過社會中的實際案例以及提供解決問題的思考工具（Intellectual Tool），引導學生彼此討論與對話，藉此思辨做決策的民主程序與多元觀點，非常適合於學校及社區推廣運用。將來如果能發展出本土版本，相信將更能裨益我國的公民法治與人權教育！

民主法治的教材就需要能夠和生活結合，引發學生興趣

中華民國全國教師會理事長　張旭政

　　我國的民主法治實施不久，整體社會還不足以成為一個讓學生耳濡目染即可學到民主法治素養的環境。因此，在學校教導民主法治概念，提升素養，就變得異常重要，也是社會能否進步的關鍵。

　　同樣教導民主法治，枯燥無味的教本和教條式的宣讀，會讓學生興趣缺缺，甚至排斥討厭。反之，系統的引導加上生動活潑的教材，絕對可以激發學生的學習熱情。民主法治的教材就需要能夠和生活結合，引發學生興趣，才能讓老師在運用時如魚得水、暢快淋漓。

　　民間公民與法治教育基金會所引進的這套「超級公民」書籍，引用實際發生的事件，以簡潔易懂的文字，採用引導討論的方式，帶領讀者思考、釐清觀念，很適合學生閱讀以及學校老師做為民主法治教育的教材，更符合十二年國教課綱所標榜的「素養」導向的編寫模式，值得推薦給教育界人士及社會大眾參考使用。

　　民間公民與法治教育基金會長期關注國內的民主法治教育，引進、編撰合適的教材、資料給老師、學生使用，每年更舉辦「全國公民行動方案競賽」，對於國內民主法治素養的提升貢獻卓著，也令人感佩！如果能對基金會有所苛求，相信也是基金會正在努力的目標，那就是出版以本土案例撰寫的「超級公民」套書。我們期待，更感謝基金會的努力與付出。

一本沒有標準答案的書～大人都可以上的課程

財團法人蘇天財文教基金會董事執行長　蘇昭蓉

　　這是本沒有標準答案指導我們該怎麼做的書，待書中拋出一個個我們在生活中會碰到的真實情境，激發學員們的興趣之後，再引導學員如何去靈活地思考，教師則透過教材裡提供的「思考工具」，也就是一組想法和問題，用團體討論與學員間對話的形式，引導學員們學會《辨別》、《描述》、《解釋》、《評估立場》、《採取立場》、《為立場辯護》等等合乎邏輯的技巧運用，幫助我們在不同生活情境下，做出決定並採取行動。

　　種子律師們除了配合本系列教材外，亦帶領學員們運用臺灣本土議題，進入發生在生活周遭日常生活的事例的實作中，在本系列課程結束後，學員們大大提升了在生活環境中的思辯能力與批判性思考能力，深得師生們的喜愛。

　　國際扶輪 3482 地區 2019-2020 年度總監周佳弘大律師曾在扶輪社團裡分享，他個人以志工爸爸的身份在志願服務女兒就讀學校的晨光時間，使用本教材親自帶領班級內學生們上過一系列法治教育課程，之後，從導師處得知，女兒能以學習得著的思辯、思考能力協助同學解決課室內的問題，分享時，周律師的臉上散發出滿足、喜悅、令人印象深刻，也更加肯定這套課程的影響。

　　本會創辦人蘇天財先生，自受邀加入專業人士所組成的臺北西北區扶輪社以來，積極投入扶輪五大服務，為響應延續扶輪教育基金會為臺灣公民與民主法治教育所投入法治教育向下扎根的執行精神，特於 2011 年與各界共同捐助民間公民與法治教育基金會之創立，並與本會創會董事長／前國際扶輪 3480 地區總監張迺良大律師，以扶輪人超我服務之精神（Service Above Self）帶領本會持續投入與民間公民與法治教育基金會的各項出版、活動，如：美國公民教育中心所出版的全套「民主基礎──權威、隱私、責任、正義」系列、公民行動方案（一）臺灣版的翻譯出版、校園暴力防治研擬方案及各項相關活動推廣及專題學術研討等等。

推薦序

　　一路走來，本會深深感佩民間公民與法治教育基金會多年來持續努力不懈地聯結並培訓種子律師投入國小、國中、高中校園推展學習思辨的智慧與播撒正義種子的服務精神，亦得以夥伴與為傲；感謝民間公民與法治教育基金會與每位專家、律師、教師、家長、學者、志工們的熱情奉獻與與。

　　本會深感能在臺灣 2026 年邁入超高齡社會之前夕，再與民間公民與法治教育基金會合作，完成本次美國高中版臺版翻譯教材出版的意義非凡，盼望除了深入大學校園與研究所推展，亦可同時推廣至終身教育學習領域，在超高齡社會風雨欲來的重重挑戰中，藉此發揮此教材應用之廣度與深度，提升公民學習思辨的智慧，發揮創意，採取行動突破重圍，培養公民哲學性思考的能力，共同打造優質友善高齡社會的臺灣。

序

　　「民主基礎系列」介紹四個概念，這四個概念構成了美國憲政體制政府的基礎：權威、隱私、責任與正義。它們不但是了解美國政府基礎必備的關鍵詞，也是用來評估民主國家和非民主國家之間差距的重要因素。

　　自由與其他價值是立國的基礎，為了維護它們，我們必須付出一些代價或承擔一些責任。很多時候我們需要在相衝突的價值和利益之間做出困難的選擇。在這套課程中，我們將有機會針對涉及運用權威與保護隱私的情況，加以討論和辯論，也會根據不同的情況，決定應該如何履行責任和實踐公平正義。

　　你將會學到評估這些情境的方法和概念，也就是所謂的「思考工具」（intellectual tool）。思考工具幫助我們清楚透徹的思考權威、隱私、責任和正義的相關問題，形成自己的立場，並且能提出支持自己立場的理由。

　　從這套課程習得的知識和技能，有助於解決公共政策或個人每日生活處境所面臨的各種問題。藉由獨立思考、做出自己的結論，以及為自己的立場辯護，我們就能在自由的社會中成為更有效能（effective）且主動（active）的公民。

超級公民 *JUSTICE* 正義

目錄 Table of Contents

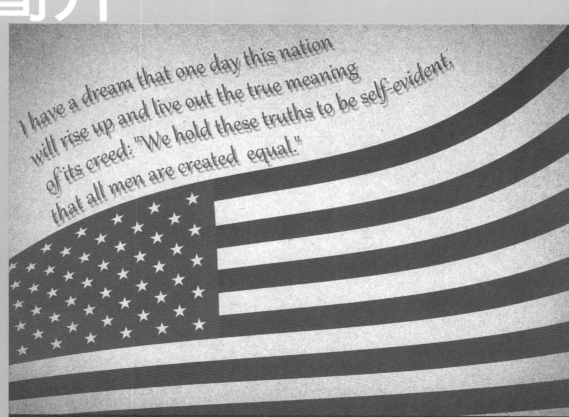

I have a dream that one day this nation will rise up and live out the true meaning of its creed: "We hold these truths to be self-evident, that all men are created equal."

馬丁‧路德金恩博士（Martin Luther King, Jr.）在 1963 年華盛頓人權大遊行發表演說〈我有一個夢想〉，演說內容提到哪些正義議題？

　　我有一個夢想，希望有一天這個國家的人能夠以品格高低評價我的四個孩子，而非以膚色做為衡量標準。

　　馬丁‧路德金恩博士（Martin Luther King, Jr.，1929 年～1968 年）於 1963 年 8 月 28 日在林肯紀念堂台階上發表〈我有一個夢想〉的演說，呼籲世人重視正義的訴求撼動人心。他所說過的這段話，直至今日仍然鼓舞著我們。我們時常有機會看到公平或不公平的事，正義的問題在生活中處處可見。不管新聞媒體、娛樂節目、政府施政作為及其他領域中，俯拾皆是。美國憲法的前言指出，政府的主要目的就在建立一個公平的國家。美國公民對國家的「效忠誓詞」（the Pledge of Allegiance）最後一句更是強調，「人人享有自由與正義」（with liberty and justice for all）。

　　正義的中心思想就是公平（fairness）。大家都知道要捍衛正義，但是很多時候卻難以判斷怎樣才算公平。本課程的目的就是要教你分析各種情形，做出符合正義的決定。你會學到一系列的「思考工具」，幫助你應對各種正義的難題。

　　「思考工具」有助於分析事件以及做出決定。只要靈活思考、運用技巧，你就會慢慢了解正義的意義。「思考工具」能幫助你剖析正義議題，有效地解決日常生活所有與正義相關的事件。

UNIT 1

第一單元：何謂正義？

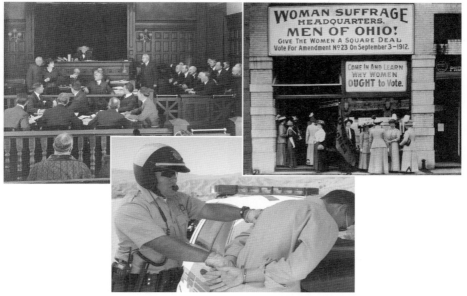

● 正義分為三種：分配正義、匡正正義、程序正義，這三張照片分別屬於哪一種正義？

單元目標

　　什麼是正義？如何判斷一件事情公不公平？

　　這個單元的目的：就是要增進你的判斷能力。大家都知道，公平是正義的根本。可是，我們生活周遭，處處可見不公平的現象。譬如：分配上有人可能沒有獲取他／她應得的部分；有人則沒有得到公平的機會，去主張自己的意見；或者有人對於他／她錯誤的行為，受到了不公平的處罰。

　　正義分為三種：分配正義、匡正正義、程序正義。本單元概略介紹三種正義，教你區分三種正義，並了解區分正義的好處，同時懂得分辨日常生活大大小小的事情，屬於哪一種正義。

LESSON1

第一課　正義的議題有哪些類型？

本課目標

　　本課介紹三種正義：分配正義、匡正正義與程序正義。課文中有許多例子，幫助你檢視及討論這些概念。學完這一課，你就能區分三種正義，並且了解區分正義類型的好處。

關鍵詞彙

分配正義 distributive justice
益處 benefits
匡正正義 corrective justice
負擔 burdens
程序正義 procedural justice

　　法律的精神在於人人平等，所有人不論貧富，都不能流落街頭、沿街乞討或偷竊食物。

●平等對待每一個人就叫做正義嗎？

—— 阿納托爾・弗朗士（Anatole France），《紅百合》（La Lys Rouge），寫於1894年。

檢視有關正義的議題

　　大家都知道正義的核心，就是公平（fairness）。所謂公平，就是平等對待每一個人。不過，從前面弗朗士的話可以看出，就算要求大家遵守同樣的法律、用同樣的方式懲罰違法的人，未必就能達到公平。有關正義的問題，往往涵蓋很多層面，相當複雜，需要仔細分析。首先，必須了解正義的問題分為幾種，處理方式各有不同。現在，請你閱讀下面三個例子，思考裡面的主角有沒有得到公平的對待，再回答「你的看法如何？」的問題，把你的答案跟全班同學分享。

■ 珍在週末領到 275 美元的週薪，當她得知保羅的工作內容和份量跟她一模一樣，卻拿到 410 美元的週薪，珍因此感到不舒服並且憤怒。

■ 暴動發生時，祕密警察逮捕漢斯，把他強行押走，關進窄小的牢房。當天晚上，漢斯被帶到一間密室，裡面坐著滿臉怒氣的三個人，他們大約花了 10 分鐘問了漢斯一堆問題。就在漢斯搞清楚原來這些人是在審問他後，其中一人拿起木槌，往桌上狠狠一敲：「這個人犯了叛亂罪，把他拖出去槍斃！」幾個人馬上把漢斯拉到外面，讓他靠著牆，將他當場射殺。

■ 作家雨果（Victor Hugo）的小說《悲慘世界》（Les Miserables）中，主角尚萬強偷了一條麵包，給他快餓死的妹妹及外甥吃，他因此被判入獄十九年。

你的看法如何？

1. 你認為上述例子中的情況，是否公平？請說明理由。

2. 你有沒有類似的經驗？或者有沒有看過類似的事情？

3. 上述各例與你生活週遭曾發生的事，是否有相似之處？

4. 你知道有哪些習俗（customs）、規則（rules）或法律（laws），是為了促進類似這類的正義或公平而制定的嗎？

5. 上述有關正義的例子中，有哪些相似與相異之處？請說明理由。

為何要將正義的議題區分成不同類型？

　　看完前面的例子，你大概會認為主角受到的待遇很不公平！這些例子分別說明了三種不同的正義。每個人都有正義感，都希望能維護正義，不過因為大家對正義的看法不同，所以也引發不少爭議。

　　兩千多年以來，研究正義的學者專家將正義分為三種：

■ 分配正義

　　所謂分配正義，就是**公平地在一群人之中分配事物**。分配的事物可能是益處（benefit），包括：工作所得、發言權、投票權等；也可能是負擔（burden），例如：納稅、家事或回家作業等。

■ 匡正正義

　　所謂匡正正義，就是**針對犯下錯誤與傷害的人，做出公平合理的處置**。這些處置通常包括：對於造成錯誤或傷害的一方，予以處罰；要求小偷歸還贓物或是賠償損害。

■ 程序正義

　　所謂程序正義，就是**用正當合法的程序去蒐集資訊及做出決定**。例如：一個人如果有犯罪嫌疑，應該透過公開審判，決定是否有罪；而不是用嚴刑拷打，逼他招供。另外，在做決定之前應該參考相關人士的意見。程序正義的重點在於蒐集資訊或決定的方式，而不在於蒐集哪些資訊、做什麼決定。

　　因為每一類型的正義需要不同的概念或「思考工具」，所以將正義區分成不同類型是有幫助的。換言之，是否符合分配正義或匡正正義，其考量的面向不同。就好像畫畫要用彩色筆、補衣服要用針線，每件事必須使用不同的工具。

　　因此，這三種正義要運用三種不同的工具。所幸你毋須獨力創造工具，因為本書所介紹的三套「思考工具」，發展自數千年來多位哲學家、法官、政治學者，以及相關論述的智慧結晶。

　　在運用這三套工具之前，必須先學會清楚區分「分配正義」、「匡正正義」與「程序正義」，才不會用錯工具。

辨別三種正義

　　請跟同學合作，閱讀下面的例子，討論是屬於分配正義、匡正正義，還是程序正義，再回答「你的看法如何？」的問題。

1. 在近期一件法院訴訟中，某人控告一名駕駛撞到他，要求駕駛要賠償汽車修理費 5,000 美元，醫藥費 4,300 美元，還有精神損失 1,000 美元。

2. 警局通常只雇用身體健全、有相當教育程度和工作經驗的人擔任警員。

3. 五名男孩被指控星期六到校蓄意破壞環境。這五人隨即於星期一被帶到校長辦公室，詢問是否真的犯了錯。其中二人否認，並說星期六事發當時，他們正待在朋友家裡。校長向他們的朋友確認所言是否屬實。然後，打電話給男孩們的父母，請他們到校長辦公室一趟，以進一步確認他們星期六的行蹤。

4. 政府機關徵才之前，必須公告職缺和應徵方式，提供申請人參加筆試及面試的機會。

5. 美國聯邦政府每年根據傅爾布萊特法案（Fulbright Act），提供獎學金給成績優異的學生。這些獎學金資助美國學生的學費、研究費或出國教書。

6. 數千名愛爾蘭人於 1880 年代移民美國。由於愛爾蘭血統的緣故，當時這些人在求職時，經常遭到拒絕。

7. 在中世紀，人們有時會因遭受酷刑而被迫認罪。

8. 湯姆跟朋友借車，不小心把車門撞凹了，湯姆同意支付修車費。

9. 根據法律規定，刑事案件被告如果沒錢委任律師，政府有義務要用公費委任一位律師協助被告。

10. 美國各州的課程委員會在選定教科書版本之前，必須召開公聽會邀請相關人士或團體發表意見。

11. 在美國某些城市，如果有人違規把車停在殘障人士專用停車格，會被罰330 美元。

12. 取得駕照的資格是熟悉交通法規、具備充分的駕駛技術，以及符合法定年齡限制。

●什麼方法能讓美國公民跟新移民享有相同的就業機會？

你的看法如何？

1. 上述哪些例子屬於

 ■ 分配正義

 ■ 匡正正義

 ■ 程序正義

2. 你認為上述這些例子是否公平？請說明理由。

3. 上述 12 個涉及正義議題的例子，在推理的過程中，你如何評估是否公平或公正？

 ■ 針對有關分配正義的例子，你會問什麼問題或考量什麼？

■針對有關匡正正義的例子，你會問什麼問題或考量什麼？

■針對有關程序正義的例子，你會問什麼問題或考量什麼？

4. 你有沒有和這些例子相類似的經驗？請舉出你的親身經驗或看過的事情。

學以致用

1. 扼要寫下你的親身經歷，或是你所看過跟分配正義、匡正正義、程序正義有關的事情。

2. 從電視新聞選出與分配正義、匡正正義、程序正義有關的報導，跟全班同學分享。

3. 從報章雜誌挑出與分配正義、匡正正義、程序正義有關的文章，把文章帶到班上，跟同學一起討論。

第二課　美國立國文獻如何促進正義？

本課目標

　　正義（justice）是美國的立國精神，美國政府也制定法律保障正義。藉由本課你將有機會了解美國兩部重要的建國文獻 ——《獨立宣言》與《憲法》，並評估摘錄條文處理的是哪種典型的正義議題。

　　學完本課後，你應能說明《美國獨立宣言》與《美國憲法》如何促進分配正義、匡正正義與程序正義。

關鍵詞彙

歸化 naturalized

司法管轄權 jurisdiction

剝奪財產和公民權利的法案（或譯公權剝奪令）
bill of attainder

溯及既往之法律 ex post facto law

普通法 common law[1]

人身保護令 habeas corpus

犯罪者的後裔 corruption of blood

起訴 indictment

大陪審團 grand jury

強制手段 compulsory process

人頭稅 poll tax

正當理由 probable cause

宣誓或切結（oath or affirmation）

---

[1] 承襲自英國的法律制度，以法律程序或傳統而非成文法或有系統的法典為基礎。

檢視正義 —— 美國的立國精神

　　以下摘錄條文自《美國獨立宣言》與《美國憲法》，它們都是為了保障和促進正義而設計的。全班分組完成這個練習。每組負責檢驗一組條文，並且依照下列步驟進行活動：

■ 判斷條文處理的是分配正義、匡正正義，還是程序正義。有些條文可能處理一種以上的正義議題。

■ 討論完成之後，回答「你的看法如何？」所列出的問題，並且準備向全班報告小組的答案。

第一組

《美國獨立宣言》部分內容

　　我們相信不證自明的真理：人人生而平等，均享有不可剝奪之天賦人權，包括生命、自由，以及追求幸福的權利。

《美國憲法》部分條文

增修條文第 1 條（權利法案，1791 年制定）

　　國會不得制定有關下列事項之法律：設立宗教或禁止信教自由；限制或削奪人民言論及出版之自由；削奪人民和平集會及向政府請願救濟之權利。

● 《美國憲法》增修條文第 1 條保障人民集會與請願的自由，這是屬於促進分配正義、匡正正義，還是程序正義？

增修條文第 8 條（權利法案，1791 年制定）

　　在一切案件中，不得需索過多之保證金，亦不得科以過重之罰金，或處以非常殘酷之刑罰。

第二組

《美國憲法》部分條文

增修條文第 14 條修正案第 1 項（1868 年制定）

凡出生或歸化（naturalized）於美國並受其管轄（jurisdiction）之人，皆為美國及其所居之州之公民。無論何州，不得制定或執行損害美國公民特權或豁免權之法律；亦不得未經正當法律程序使任何人喪失其生命、自由或財產；並不得否定管轄區內任何人法律上平等保護之權利。

第 1 條第 9 項第 3 款

公權剝奪令（bill attainder）或溯及既往之法律（ex post facto law）不得通過之。

● 《美國憲法》增修條文第 14 條規定任何人均享有平等法律保護，這是促進分配正義、匡正正義，還是程序正義？

增修條文第 7 條（權利法案，1791 年制定）

在普通法（common law）上之訴訟，其訴訟標的超過 20 元者，仍保留其由陪審團審判之權。陪審團所判定之事實，除依普通法之規則外，不得於美國任何法院中再加審理。

第三組

《美國憲法》部分條文

第 1 條第 9 項第 2 款

人身保護令狀（habeas corpus）之特權不得停止之。惟遇內亂外患而公共治安有需要時，不在此限。

第 2 條第 2 項

…。總統並有權對於違犯美國法律者頒賜減刑與赦免，惟彈劾案不在此限。

增修條文第 5 條（權利法案，1791 年制定）

非經大陪審團（grand jury）提起公訴，人民不受死罪或其他不名譽罪之審判，但戰時或國難時期服現役之陸海軍或國民兵所發生之案件，不在此限。同一罪案，不得令其受兩次生命或身體上之危險。不得強迫刑事罪犯自證其罪，亦不得未經正當法律手續剝奪其生命、自由或財產。非有公正賠償，不得將私產收為公用。

● 《美國憲法》增修條文第 26 條保障 18 歲以上公民的選舉權，這是促進分配正義、匡正正義，還是程序正義？

增修條文第 26 條第 1 項（1971 年制定）

美國或任何一州不得因年齡而否定或剝奪 18 歲以上美國公民之投票權。

第四組

《美國憲法》部分條文

第 3 條第 3 項第 2 款

國會有宣告處罰叛國罪之權，但公權之剝奪，不牽累犯罪者之後人，其財產之沒收，亦僅能於其生前為之。

增修條文第 6 條（權利法案 1791 年制定）

被告於刑事案件有權提出下列要求：要求由犯罪地之州及行政區的公正陪審團予以迅速及公開之審判，並由法律確定其應由何區受理、要求知悉被控之罪名及理由、要求與原告的證人對質、要求法院以強制手段促使對被告有利之證人出庭作證，並要求由律師協助辯護。

● 《美國憲法》增修條文第 6 條規定刑事案件被告可以請律師協助辯護，這是促進分配正義、匡正正義，還是程序正義？

增修條文第 13 條第 1 項（1865 年制定）

美國境內或屬美國管轄區域之內，不准有奴隸制度或強迫勞役之存在。但因犯罪而被判強迫勞役者，不在此限。

增修條文第 24 條第 1 項（1964 年制定）

美國或各州不得因未納人頭稅或其他捐稅，而否定或剝奪美國國民在任何初選或選舉總統、副總統、國會參議員或眾議員之其他選舉中之投票權。

第五組

《美國憲法》部分條文

第 3 條第 2 項第 3 款

一切罪案，除彈劾案外，應以陪審團審判之。該項審判應於發生該項罪案之州舉行之，但罪案非發生於任何州時，該項審判應在國會以法律所定之地點舉行之。

第 4 條第 2 項

在任何一州被控犯叛國罪、重罪或其他罪行者，若逃亡而在另一州遭到緝獲，該州應即依照該罪犯所逃出之州之行政當局之請求，將該罪犯交出，並移交至對該犯罪案件有管轄權之州。

● 《美國憲法》增修條文第 19 條保障女性的選舉權，這是促進分配正義、匡正正義，還是程序正義？

增修條文第 4 條（權利法案 1791 年制定）

人民有保護其身體、住所、文件與財物之權，不受無理拘捕、搜索與扣押，並不得非法侵犯。除有正當理由，經宣誓（orth）或切結（affirmation），並詳載搜索之地點、拘捕之人或收押之物外，不得頒發搜索票、拘票或扣押狀。

增修條文第 19 條第 1 項（1920 年制定）

美國或各州不得因性別關係而否定或剝奪美國國民之投票權。

你的看法如何？

1. 上述條文分別處理以下哪種正義？

■ 分配正義 —— 哪些條文聚焦於分配正義？處理的是益處或負擔？這些條文保障和促進哪些價值與利益？

■ 匡正正義 —— 哪些條文聚焦於匡正正義？提到哪些處置方式？這些條文保障和促進哪些價值與利益？

■ 程序正義 —— 哪些條文聚焦於程序正義？處理的是哪些程序？這些條文保障和促進哪些價值與利益？

2. 哪些條文處理一種以上的正義議題？

學以致用

1. 請一位律師或法官協助你蒐集一份法院判決主文或意見摘錄，其內容必須跟正義有關。仔細閱讀並分析判決立場突顯了哪些原則、價值與利益。以下是美國最高法院三個具有指標性意義的判決：

■ 布朗控告教育委員會案（Brown v. Board of Education, 347 U.S. 483；1954）。

■ 高爾特案（In re Gault, 387 U.S. 1；1967）。

■ 史丹佛控告肯塔基州案（Stanford v. Kentucky, 492 U.S. 361；1989）。

2. 下列小說的內容都跟正義有關。請你閱讀其中一本，然後向同學描述故事中涉及分配正義、匡正正義、程序正義的議題或問題。

■ 《梅崗城故事》（To Kill a Mockingbird）／哈波・李（Harper Lee）著。

■ 《動物農莊》（Animal Farm）／喬治・歐威爾（George Orwell）著。

■ 《頑童流浪記》（The Adventures of Huckleberry Finn）／馬克・吐溫（Mark Twain）著。

UNIT 2

● 這些照片如何說明分配正義的議題？

單元目標

　　在第一單元，我們學到正義可區分成三種類型：分配正義、匡正正義以及程序正義。而第二單元要處理的議題（issues），或者說問題（problems）是分配正義。所謂分配正義，就是一個社會如何將益處和負擔，公平的分配給個人或群體。

　　在某些情況中，分配益處或負擔相當容易，像是在課堂上每位同學都有參與討論的權利，同時也都必須尊重其他同學的發言權。有些情況則較為複雜，比較難以做出公平的決定。舉例來說，評定學生成績為 A 的標準為何？納稅人如果都必須依照其所得情形，分配其部分所得，用來幫助有需要的人，那麼這筆錢的額度應該如何決定？

　　在日常生活中，我們常常碰到分配的問題。本單元將幫助你針對分配正義，發展出解決問題所需的知識和技巧。你會學到一套「思考工具」，檢視分配正義的議題，並且採取合理的立場。

LESSON3

第三課 分配正義的思考工具？

本課目標

　　本課將介紹一系列的「思考工具」，幫助你處理分配正義的議題。完成本課後，你就能運用自如，並能解釋工具的實用性。

關鍵詞彙

相似原則 principle of similarity
需求 need
能力 capacities
應得與否（資格）desert
關聯 relevant
價值 values
利益 interests

分配正義的一些議題

　　分配正義要處理的就是如何**將益處與（或）負擔，公平分配給社會上的不同個人或群體。**

　　益處（benefits），例如：要求工作上的報酬或者發言權，以及投票權。這些益處必須是能夠進行分配的，而且被一般人認為是有用的、想要得到的。例如：讚美、獎賞、受教育的機會、工作權、結社權或金錢。

　　所謂負擔（burdens），可能包含義務，例如：回家功課或是雜務工作的分配、工作賺錢、納稅、照顧他人等。負擔幾乎包括大多數可被分配，但不是一般人想要的東西。例如：做錯事而遭責罵或懲罰。

　　做公平的決定，在某些場合是相對容易的。例如：決定哪些學生可以成為比賽

選手；哪些學校事務可以開放給學生參與投票來決定。但是在某些較為複雜的情況下，若必須考量到其他價值或利益關係時，原來所選擇決定事情的方式可能就會顯得分配不當了。

分配正義的難題可能會引起以下問題：

■ 納稅是全體國民應盡的義務。以所得稅為例，是要求大家繳一樣多，還是規定所得愈高繳得愈多，才算公平？如果是後者，那又應該多多少，才算公平呢？

■ 每位學生應接受相同的教育資源？還是有些學生（例如：身心障礙、低收入戶、原住民）應得到較多的協助和資源？

■ 你贊不贊成政府提撥部分經費做為失業補助？請說明贊成或反對的理由。如果贊成，你認為政府應該如何補助？（發放救濟金？提供就業機會？）哪些人應該獲得補助？每人應該補助多少？

■ 你認為富有的國家應不應該拿出金錢、物資，幫助貧窮的國家？

無論是個人或社會，在國內或其他國家，都會面臨到分配正義的難題所引起的上述這些問題。

如何解決分配正義的議題？

在你了解如何界定什麼是分配正義（有別於匡正正義和程序正義）的問題之後，現在要開始介紹幾個「思考工具」，幫助你解決分配的難題。第一個工具是**「相似原則」（principle of similarity）**。簡單的說，「相似原則」是指在某些特定情況中，具有相同或類似狀況的人，應該被給予相同或相等的對待；反之則不然。例如：假設有 10 個人受困於小島上，10 人中有 3 人生

●在處理分配正義的問題時，對於需求加以考量，會有什麼用處？

病了，而現有的藥品不足。這 3 個人有一個很重要的相似性：**需求**。3 人都需要吃藥，而公平的分配方式，就是給予這 3 個人同樣的藥量。另外 7 個人跟生病的 3 個人，很重要的差異性也是在於：需求。沒生病的 7 人不需要吃藥，所以對他們的公平方式，就是不用把藥分配給他們。

LESSON3

相似原則當中的重要考量

在前面的段落中，我們看到了人們由於其需求的差異，而有相似性和差異性。除了需求之外，有時我們可能還要考量分配對象在**能力（capacities）**（或**技能 abilities**），以及**應得與否（desert）**方面的相同與差異。運用相似原則時，需求、能力和應得與否這三項因素，有時候只需要考慮其中一項，而有些情況比較複雜，三項都有必要列入考慮。

以下是需求、能力、應得與否的簡單定義和舉例，並說明如何運用。現實生活中，分配正義的常見問題，往往比這些例子複雜許多，有時候三項因素都要考量，才能做出最適當的決定。

■ 需求

如何依據個人或群體的「需求」而給予相同或不同程度的分配？需求可能指生理需求（例如：肚子餓需要吃東西）、心理需求（例如：需要被關心或安全感）、經濟需求（例如：金錢），或有些人還有政治需求（例如：影響力）。

例：假設你有一箱食物，要分給 50 人，其中 17 人已經三天沒吃東西，其他 33 人則是飲食正常。

1. 如果這 50 人的其他狀況是相同的，你會如何分配食物？為什麼？
2. 應用相似原則來做這項決定時，對於人們的需求加以考量，會有哪些幫助？

■ 能力

如何依據個人或群體的「能力」而給予相同或不同程度的分配？能力可能包括考量生理、心理，智力、經濟、精神狀況等方面。

例：假設有 10 位男性和 6 位女性同時應徵消防員，其中 8 位男性和 3 位女性通過消防局嚴格的體能測驗，以及性向測驗。

1. 消防局只能錄取 3 人。如果只考慮這 16 人的能力，你認為應該錄取誰？請說明理由。
2. 在這 16 人當中，你認為哪些人具備相同的能力？

■ 應得與否

如何依據個人或群體所擁有的資源，或者他們的權威或社會地位，而給予相同或不同程度的分配？是否權力地位相同的人，就理所當然擁有相同的待遇；而不同的人，就應該被不同的對待？

例：美洲盃划船賽熱烈展開，歷經激烈競爭，美國隊與澳洲隊取得總決賽資格，在三天的賽程中，兩隊各比了七場比賽，大會統計結果出爐，美國隊四勝三敗，澳洲隊三勝四敗。

1. 你認為哪一隊應該拿到冠軍？請說明理由。
2. 如何有效運用應得與否做為考量，來決定哪一隊應該奪冠？

例：《美國憲法》增修條文第 26 條規定：「年滿 18 歲與 18 歲以上合眾國公民之選舉權（投票權），不得因年齡遭到合眾國或任何一州予以否定或剝奪。」

1. 美國政府為何規定年滿 18 歲才能投票？條文提出了年齡限制，並沒有提到其他限制（例如：能力），你認為原因何在？在某些情況下，基於能力和應得與否的考量，而不使 18 歲以上的公民享有投票權，這樣的規定是否可能公平？
2. 如何運用相似原則中應得與否的考量，來決定誰可以享有投票的權利？

相似原則的難題

　　兩個最常見的分配正義的難題是：

■ 在某特定情況中，如何決定應該運用哪種考量？需求、能力，還是應得與否？
■ 根據需求、能力或應得與否，如何判斷哪些人或團體的相似或相異？

　　下列的思考練習，即顯示上述難題。

辨別相關因素

　　以下練習有兩個部分，請跟一位同學合作完成。準備好後，請向全班報告你們的答案。

1. 請討論並確認哪種考量（需求、能力或應得與否）跟下列的分配問題最相關？
   ■ 福利津貼
   ■ 駕駛執照
   ■ 大學獎學金
   ■ 罰鍰
   ■ 政治權利

2. 假設現在有 100 人來申請 25 個大學入學名額。你會考量申請人的需求、能力，還是應得與否？基於你所選擇的該項考量，你會如何判斷申請人的相似或相異？

應該考量的價值與利益

除了運用相似原則，以及考量需求、能力、資格之外，還要考慮一些重要的價值（value）與利益（interst），所做的決定才會更完善。所謂價值，就是一般人認為重要，而且值得努力追求的理想，像是仁慈、誠實、忠誠、隱私、自由都是重要的價值。至於利益，就是一般人想要或是關心的議題，每人追求的利益各有不同，像是休閒時間、身體健康、工作獎賞或其他等。

● 在決定是否幫助災民時，你認為有哪些重要的利益和價值是需要被考慮的？

例：假設州政府打算加強某鎮的水災防治，希望與當地居民合作，共同出資設置水災防治系統。州政府願意補助一半的費用，並打算加稅籌措另一半的資金。鎮公所舉辦投票徵詢居民意見。經過多次投票，多數居民始終反對增稅，州政府只好擱置計畫。未料，隔年春天豪雨成災，河水暴漲，衝破堤防，大水毀壞了數千間房屋及商家。全鎮於是請求州政府救災。

從狹義的、限縮的分配正義的概念而言，當初鎮民反對增稅，沒有興建防治系統，如今遭受損失，州政府可能拒絕提供協助。然後，如此決定所帶來的後果，將是許多人受苦。基於人道（kindness）考量，政府可能會決定幫忙紓困。

運用思考工具，評估法律案例

1964 年美國國會通過《民權法案》（Civil Rights），根據這部法案還有聯邦法律，機關團體招募員工不得懷有種族歧視。下列案例是真實事件，發生在《民權法案》通過之前。請閱讀以下內容，並分成小組，合作完成後面的「思考工具」表。完成之後，向全班報告你們小組的立場。

科羅拉多州反種族歧視委員會 訴 大陸航空公司
(Colorado Anti-Discrimination Commission v. Continental Airlines, Inc.)

馬龍・格林（Marlon D. Green）是非裔美國人，在美國空軍擔任飛行員很多年了。1957 年，他決定轉換跑道，於是寄履歷給幾家航空公司應徵機長，其中一家是大陸航空公司。

大陸航空公司很快給了回音，一位主管跟格林聯絡，請他填寫正式應徵表格。公司看了格林的履歷，認為他條件不錯，便通知他參加筆試。

筆試結果出爐，一共有六人過關，格林是其中之一。六位當中只有格林是黑人，其他五位都是白人，且格林比其他五人擁有更資深的飛行經驗。然而，格林沒有被正式錄取，列為備取。而其他五人則不僅被錄取，還立即加入飛行員的訓練計畫。接下來的兩個月內，該航空公司又錄取了十七位白人加入訓練計畫。格林依然被列為備取。

格林於是向科羅拉多州反種族歧視委員會提出申訴。委員會隨即召開公聽會。格林主張航空公司由於種族歧視，所以不錄取他。他認為航空公司違反了科羅拉多州在 1957 年制定的反種族歧視法。根據該法，雇主不得以種族、信仰、膚色、國籍、血統為由，拒絕雇用合格應徵者。

大陸航空公司辯稱，他們認為錄取格林會惹來很大的麻煩。錄取他駕駛飛機會引起爭議，而導致安全上的風險。而且，由於一些城市有種族歧視，也會讓公司在安排機長的食宿時，面臨很大的麻煩。此外，公司也擔心工會將拒絕讓格林加入。因此，他們辯解大陸航空可以合法拒絕雇用格林。

● 學以致用

1. 從報章雜誌找出一個跟分配正義有關的議題,並判斷如何應用需求、能力或應得與否的概念去處理這項議題。準備好後,跟同學討論你所選的議題。

2. 在 1920 年前,美國大多數的州法律並不允許女性享有投票權。你認為這些法律主要是基於需求、能力,還是應得與否的概念?請說明你的答案。

   1920 年後,美國國會通過憲法增修條文第 19 條,正式賦予女性投票權。你認為此條文主要是基於需求、能力,還是應得與否的概念?請說明你的答案。

3. 訪問幾家公司的人事主管,請他們描述選擇應徵者的考量事項。然後,比較一下他們的想法,及你在本課所學的概念。

4. 描述你周遭不公平分配的經驗。請說明為何你認為不公平,以及怎麼做才是好的決定,並請說明你主要考慮什麼。

分配正義的思考工具表	
問題	答案
1. 要分配的益處或負擔是什麼？	
2. 要將益處或負擔分配給誰？	
3. 接受分配的對象在這些因素上有何異同？ ■需求？ ■能力？ ■應得與否？	
4. 上述哪個相似和相異之處，應該列入考慮？才是公平的分配益處或負擔？請說明你的立場。	
5. 按照相似與相異之處的考量，如何分配才算公平？	
6. 講求公平有哪些好處和壞處？對於益處或負擔做出差別的分配，可能符合哪些價值與利益？	
7. 你認為益處或負擔應該如何分配？請說明理由。	

第四課　州政府應該如何分配補助款？

本課目標

在這一課，請你運用「思考工具」，決定誰適合得到補助。在這議題上，你將提出你的意見並為其辯護。學完本課，你應該能解釋如何利用已學過的「思考工具」，針對分配正義的議題，加以評估、選擇立場，並為其辯護。

誰符合政府補助資格？

美國的州政府，每年從總稅收當中提撥幾百萬美元，以所得補貼（income subsidies）與福利給付（welfare payments）的形式，加以分配給需要的民眾。提供協助的基本原則是為了讓有需要的人能夠維持基本的生活水準。

各州對於補助資格的認定標準或有不同，不過以下是常見的資格類型：

■ 過於年老而無法工作，且為低收入者。
■ 視力障礙的成人，且為低收入者。
■ 肢體或心理障礙的成人、低收入，且未領取其他補助。
■ 需扶養幼童之低收入家庭，所得不足以支付全家基本生活需求。
■ 待業成年人，未領取其他補助。
■ 必須照顧幼童而無法工作的母親，且未領取其他補助。
■ 低收入的成年人，工作所得不足以使本人及家人的生活達到最低標準。

● 你如何決定，哪些人有資格領取州政府補助？

你的看法如何？

1. 這些類別或群體，顯然是運用了哪些考量因素（需求、能力、應得與否）？

2. 各種類別當中的人，應該得到補助款嗎？為什麼？

3. 如果讓所有這些類別裡適合的人都領到補助款，你認為會有什麼結果？哪些結果是利？哪些是弊？

4. 你會基於什麼價值和利益，去決定你的立場？

評估政府補助金的申請資格

　　有一群人正在申請補助金，你要協助決定誰適合被核准。請你運用前面學過的相似原則，考慮申請人的需求、能力、應得與否，以及其他重要的價值與利益。老師會把全班分為六組進行角色扮演，舉行一場政府補助資格審查模擬公聽會。其中一組扮演州政府的補助資格審查委員會，負責聽取另五組的報告，並做出決議。其他五組分別代表下列五位申請人，負責說服審查委員核准申請。

　　首先，各組請先閱讀下面五個假設案例的介紹。接下來，代表申請人的各組準備論點，並推派 1 或 2 位發言人，負責向審查委員報告。審查委員應運用第 25 頁的分配正義「思考工具」表，決定是否核准申請。扮演申請人的五組同學也可以利用該表格準備報告內容，請聚焦於申請人的需求、能力、應得與否，以及其他重要的價值與利益，呈現該申請者最可能的狀況。當其他各組準備報告之時，審查委員必須利用第三課的「思考工具」表做出初步的決定，並推派 1 位主席，負責主持公聽會。

　　扮演申請人的五組分別陳述完論點之後，審查委員必須決定哪個申請人最有資格獲得補助，並向全班說明理由。然後全班再一起討論第 31 頁「你的看法如何？」的問題。

第一組：古怪的發明家

　　認識波利斯・阿克塞爾羅的人都覺得他是個怪人。他白天都在睡覺，晚上待在家裡忙東忙西。有時候作曲、有時候發明奇奇怪怪的機器、有時候寫一些哲學的文章歌頌愛情、鼓吹愛國。波利斯自認有創作天分，常說要把文章集結出書，大賺一票。

　　波利斯一向節儉，喜歡穿廉價二手衣，色彩愈鮮豔他愈喜歡。雖然他很想賺錢，可是沒有一家出版社願意出版他的文章，他作的曲子乏人問津，發明的機器也得不到廠商的青睞。這倒不是波利斯缺乏創意，他的點子其實不錯，只是他不了解市場需求。

　　波利斯很小的時候，父親就離家出走，母親一手把他養大。雖然波利斯早已成年，但是因為沒有收入，所以一直仰賴母親資助。母親去世以後，波利斯就得靠自己了。他對機器相當在行，偶爾打打零工，幫別人修理東西，賺點生活費。他比較習慣白天睡覺，希望能上晚班，可是一直找不到工作。後來波利斯終於找到工作，在大樓當夜班警衛，然而他經常投入於修繕機器而忘記去上班。兩個禮拜之後，波利斯收到大樓通知，才知道自己已經被開除了。

● 波利斯向州政府申請補助，你認為州政府應該考慮他的需求、能力，還是應得與否？

波利斯沒有親人，也沒幾個朋友。認識他的人都說：「他去上班也遲早會被炒魷魚。」一位鄰居覺得波利斯這樣不是辦法，就建議他跟州政府申請補助。

第二組：不具專業技術的失業勞工

約翰・哈伍德跟妻子露易絲很窮困。兩人要養育 8 個小孩，最大的孩子 12 歲，最小的 1 歲。夫妻兩人學歷都不高，工作經驗也不多，找工作一直很困難。由於負擔不起托嬰費，露易絲沒辦法外出工作賺錢。

約翰寄履歷給十七家工廠，又到幾家社區機構應徵，他只會做勞力工作，偏偏人家不缺這方面的人手。夫妻倆沒有收入，積蓄也所剩無幾，不但繳不起房租，連吃飯都有問題。兩人無計可施，只好向州政府申請補助。

第三組：失業的工程師

安德莉雅・貝爾是工程師，在美國聯邦政府的航太實驗室工作長達七年。她很喜歡這份工作，對薪水也很滿意。沒想到，聯邦政府突然取消跟實驗室的合約，少了聯邦政府的資助，實驗室必須資遣幾百位員工，安德莉雅也是其中之一。她的專長是水文，負責設計海底飛彈發射裝置，月薪大約台幣 12 萬元。失業之後，安德莉雅花了幾百塊的美金製作精美的求職履歷。安德莉雅等了很久，終於有一家公司願

● 安德莉雅向州政府申請補助，你認為州政府應該考慮她的需求、能力，還是應得與否？

意提供工作機會給她，可是薪水比以前低很多。而且，該公司跟安德莉雅的家並不在同一州，家人也不願意搬家，所以決定不去那家公司。

經過了幾個月，安德莉雅原有的積蓄以及 26 週的失業救濟金都花光了。雖然心裡有一百個不願意，但是她還是向州政府提出補助申請。

第四組：不良於行的文字工作者

唐納・皮爾斯出生時就患了小兒麻痺症，不良於行，只能以輪椅代步。他經常去醫院看診，也必須定期接受治療。

唐納沒有上過學，父母替他請了家教，教他各種知識。他的英文不錯，對政治學也很有研究。他一向關心時事，尤其是國家大事，常常寫信給報社抒發己見。報社編輯覺得他文筆流暢，對社會問題觀察入微，就請他擔任兼職文字記者。

唐納的時薪跟其他記者一樣，可是因為身體不方便，一星期只能工作幾小時，所以收入並不高。唐納有工作能力，也希望能自食其力，可是他的收入實在不夠開銷，只好申請補助。

● 唐納向州政府申請補助，你認為州政府應該考慮他的需求、能力，還是應得與否？

第五組：失去依靠的孩子們

瑪麗・瓊斯 26 歲，是兩個小孩的母親。幾年前，她染上毒癮，後來坐牢一年。她在牢裡參加戒毒課程，然後得知毒癮是被美國醫療協會承認的一種疾病。瑪麗出獄時發誓再也不碰毒品。

之後，瑪麗跟丈夫喬治又生了第三個孩子。家裡經濟負擔越來越重，兩人承受不了壓力，又開始吸毒。瑪麗的收入微薄，又要吃飯又要買毒品，實在不夠用。到後來，瑪麗開出去的支票通通跳票，銀行帳戶也嚴重透支。

夫妻兩人幾乎每天晚上都外出找錢買毒品，把三個無法照顧自己的稚齡小孩留在家裡。鄰居常聽到小孩的哭泣聲，也常看到三個小孩全身髒兮兮，而且面黃肌瘦，顯然營養不良。

有一天晚上，喬治吸毒過量以致失去意識，瑪麗叫救護車將他送醫，當晚就不治過世了。瑪麗沒辦法同時在家照顧小孩，並且工作賺錢。於是，她向州政府申請補助。

你的看法如何？

1. 在決定哪個申請者符合資格時，哪個概念最重要？是需求、能力，還是應得與否？哪一項比較不重要？為什麼？

2. 運用相似原則來決定申請資格，你認為可能會有哪些益處和代價？

3. 關於五位申請人的資格，以你的立場會考量哪些價值？

學以致用

1. 從報章雜誌找出一篇跟分配正義有關的文章。再從文章中找出其中的分配概念（需求、能力或應得與否），並準備與全班討論這個議題。

2. 邀請學校行政人員到班上，說明學校關於特教機會分配的政策。討論學校政策如何考慮到需求、能力和應得與否。

3. 請你的老師、圖書館管理員或律師，協助你尋找美國最高法院在富利洛夫（Fullilove）控告克盧茨尼克（Klutznick）一案（案號：448 U.S. 448, 1980），以及聖安東尼奧獨立學區（San Antonio Independent School District）控告羅德里格斯（Rodriguez）一案（案號：441 U.S. 1, 1973）的判決主文，或是找其他跟分配正義議題有關的訴訟案件。閱讀案例中的事實，以及法院的判決，做成摘要，以便在課堂上討論。

MEMO

▎第五課 如何達成公共教育的分配正義？

本課目標

在本課程中將評估美國公共教育財政方面的分配正義，全班將會就這項議題，模擬議會辯論，並對現行制度表決維持或加以變革。結束本課時，你應該具備了在分配正義相關議題上進行分析評估、採取立場，並為其辯護的基本能力。

關鍵詞彙

黨團 caucus

評估公共教育中的納稅人角色

美國多數州採取藉由徵收稅捐，以補助公立學校。然而，有些人質疑此制度的公平性。於此，一個關乎分配正義的重要問題為：做為補助公共教育系統之租稅負擔，究竟應該如何被公平分配？這個問題必須自我們之前所討論過的分配正義考量因素，及其他各種價值及利益之調合中，尋求解答。

財產稅之公平分配

在美國，公立學校的資金多半來自人民繳納的財產稅。財產包括房屋、公寓、店面、工廠、空地，以及工商建築。擁有財產的人，每年都要繳納財產

稅，稅額依據市場價值計算。舉例來說，Ａ小姐的房子市場價值美金75,000元，假設稅率為百分之二，那Ａ小姐就要繳美金1,500元的財產稅（75,000 × 2% ＝ 1,500）。這些稅金大部分會用來補助當地公立學校。

●誰應該繳稅以補助公立學校？

如果你擁有住宅，就用存款或薪水繳財產稅。如果你擁有公寓、店面或是自己開店，就用房租收入或營業所得繳稅。就算你沒有財產，還是會間接繳納財產稅，因為你租房子、買東西都會付錢。

很多美國人認為這種稅制並不公平。1978年，加州居民爆發大規模抗稅，他們認為針對有房子和生意的人課稅是不公平的。後來加州議會通過法律，明訂財產稅的上限，結果州政府稅收大幅減少，公立學校發生經營危機。不只是加州，全美民眾都開始檢討稅制及其公平性。

稅制問題

很多美國民眾認為，補助公立學校的現行稅制不合理也不公平。有些人提議，很多家庭必須撫養學齡兒童，州政府應該考慮降低這些家庭的稅額。學齡兒童人數愈多，家庭負擔的稅額應該愈低。此話一出，引發熱烈討論，美國民眾紛紛開始探討現行制度有哪些問題。

下面這段話代表部分美國民眾的心聲：

有四戶鄰居，各自擁有住宅，四棟房子市場價值相同，所以四戶每年繳的財產稅也一樣多。其中布朗家中沒有小孩，不用負擔學費。法蘭克家的兩個兒子在唸大學。戴維森家的三個小孩都唸公立高中，學費很便宜。史密斯家也有三個小孩，唸的是私立教會高中。

你的看法如何？

1. 上述四個家庭的稅捐負擔，有何相似或相異之處？

2. 以這四個家庭從公立學校所享受到的利益而言，有何相似或相異之處？

3. 從四個家庭的需求、能力、應得與否的相似或相異之處加以分析，現行稅制（即上述依財產市值計算財產稅制度）能否找到任何正當化的理由？

4. 除了需求、能力、應得與否之外，有無其他因素或論點，亦能成為支持現行稅制的理由？

5. 現行稅制有哪些優、缺點？

6. 回顧前面的答案，你認為現行稅制公不公平？為什麼？這是理想的制度嗎？為什麼？

7. 如果你認為現行稅制不公平，你覺得應該如何調整各家戶的稅務負擔？請說明理由。

在以稅賦方式補助公立學校的議題上，採取立場並為其辯護

在此練習中，全班要模擬州議會在補助公共教育系統議題上的論辯過程。具體來說，你們將要論辯公共教育的補助系統，是否應予改變，以使各家戶稅捐負擔之計算，立基於該家戶的學齡兒童人數。全班將分為四組，分別扮演稅務委員會、都會區議員黨團、郊區議員黨團、鄉村議員黨團，各組必須依據下面的指示準備議事資料。

第一組：稅務委員會

委員會由幾位議員組成，負責評估現行財產稅制度是否公平。委員會最後必須決定維持或調整現行稅制，並向全體議員報告。步驟如下：

1. 選出 1 位主席，負責主持會議。

2. 會議開始。首先討論現行稅制是否公平，討論重點包括撫養學齡兒童的家庭，應不應該享受減稅優惠。

3. 討論可以讓現行稅制要更公平的可能方法。

4. 投票表決維持或調整現行稅制。

5. 準備一份「多數報告」，報告時間 3 分鐘，內容必須能夠說服議員支持委員會的建議。

6. 同時準備一份「少數報告」，說明委員會少數議員的不同意見，報告時間一樣是 3 分鐘。

7. 推派幾位代表向全體議員報告。

第二組：都會區議員黨團

你們是代表加州各大城市的議員。選民多半屬於中低收入戶，少數較為富裕。在選區中，住宅區房地產價格偏低，大型商業區房價、地價居高不下，每年繳納的財產稅相當可觀。學校方面，某些學校歷史相當悠久，學生人數也是全州數一數二。部分學校開設的課程是郊區或鄉村學校所沒有的。現在請依照下列步驟準備議事資料：

● 州議會要開會討論誰該繳稅以補助公共教育，你認為應該考慮哪些層面？

1. 選出 1 位主席，負責主持會議。

2. 會議開始。首先討論要改變現行稅制？是否贊成讓撫養學齡兒童的家庭享受減稅

優惠？

3. 現在開始表決。議員必須考量選民的利益與自己的意見，決定贊成或反對維持現行稅制。

4. 做成決議後，準備向全體議員報告。

第三組：郊區議員黨團

你們是代表加州郊區的議員。選民經濟情況多為小康或富裕。住宅區房價、地價偏高，每年都繳納不少財產稅。部分學校設備一流，有幾間學校才成立不久。現在，請依照下列步驟準備議事資料：

1. 選出 1 位主席，負責主持會議。

2. 會議開始。首先討論要改變現行稅制？是否贊成讓撫養學齡兒童的家庭，享受減稅優惠？

3. 現在開始表決。議員必須考量選民的利益與自己的意見，決定贊成或反對維持現行稅制。

4. 做成決議後，準備向全體議員報告。

第四組：鄉村議員黨團

你們是代表加州鄉村的議員。選民多半來自小康家庭，也有一些家境較為貧窮。鄉村的房價、地價多半偏低，因此每年繳納的財產稅並不多。部分學校資金嚴重匱乏，大部分學校非常老舊。現在，請依照下列步驟準備議事資料：

1. 選出 1 位主席，負責主持會議。

2. 會議開始。首先討論，是否贊成改變現行稅制？是否贊成讓撫養學齡兒童的家庭，享受減稅優惠？

3. 現在開始表決。議員必須考量選民的利益與自己的意見，決定贊成或反對維持現行稅制。

4. 做成決議後，準備向全體議員報告。

進行議事辯論

首先，請稅務委員會的代表報告委員會的提案。接下來，請都會區議員黨團、郊區議員黨團、鄉村議員黨團分別報告。報告結束後如果還有時間，可以進行質詢，由委員會代表負責回答議員提出的問題。質詢結束後，請全班同學投票表決贊成或反對委員會的提案。

學以致用

1. 如果一個家庭有能力負擔私立學校的學費，那這個家庭應不應該享受政府發放的教育券或減稅優惠？

   ■ 贊成的人認為，把孩子送去私立學校其實是減輕公立學校的營運成本，政府應該提供減稅優惠，減輕家長的財務負擔。反對的人認為，能夠負擔私立學校學費的家庭通常收入較高，如果提供減稅優惠，將會造成州政府稅收大幅減少，嚴重影響公立學校營運。州政府已經給了有錢人太多稅務補貼。

   ■ 1993 年，加州舉辦公民投票，決定是否發放教育券給負擔私校學費的家庭。請你找出當時的資料，分析支持者與反對者的報告書、各團體所持的論點，以及投票結果。評估此項議題，並決定你自己要採取支持或是反對的立場。在課堂上發表你的研究結果，並說明你的立場。為了使報告更生動，你可以製作一些海報或道具。

2. 州政府應不應該發行彩券，將所得用來資助公立學校？請你蒐集美國各州的資料，分析發行彩券對公立學校財務的影響，以及居民贊成、反對的意見。在課堂上發表你的研究結果，分享你個人的看法。

UNIT 3

● 你認為這些圖片說明了哪些匡正正義的議題？

單元目標

　　第三單元要介紹匡正正義。所謂匡正正義，就是針對錯誤與傷害，做出公平合理的處置。你在本單元也會學到匡正正義的目的，並且學習一套匡正正義的「思考工具」，有助於針對議題加以評估、採取立場，並為其辯護。學完本課後，你將能界定匡正正義並解釋它的目的。你也能夠運用「思考工具」，針對匡正正義的議題，做出深思熟慮的決定。

第六課　匡正正義的目的？

本課目標

本課介紹匡正正義的目的，並檢視錯誤與傷害之間的差別。上完本課後，你將能夠定義匡正正義，解釋它的目的，並且辨認不同情況下的錯誤與傷害。

關鍵詞彙

錯誤 wrong
傷害 injury
嚇阻 deterrence
匡正 correction
預防 prevention

何謂匡正正義？

《漢摩拉比法典》（The Code of Hammurabi）是現存蒐集最完整的巴比倫法律（Babylonian laws）。它是在漢摩拉比（Hammurabi，西元前1792至1750年）時期所發展的，共有282則判例法，包含處理價格、關稅、貿易與商業的經濟條款；包含結婚與離婚的家事法、刑法，以及處理像是奴隸制度與債務的民事法律。這部法典的延伸應用領域，比巴比倫本身的領土還寬廣。

● 「以眼還眼」，是不是公平合理的回應錯誤與傷害？

下列每個情況，都是涉及匡正正義的議題。所謂匡正正義，就是針對錯誤（wrongs）或傷害（injures），做出公平合理的回應。錯誤行為就是違反了法律（laws）、規則（rules）、習俗（customs）、道德原則（moral principles）所要求的本分（duty；或可譯職責）或責任（responsibility）。傷害是指對於人身或財產（property）的損害，或權利的侵犯。

■ 穆斯塔法遭判竊盜罪，被帶到廣場，由行刑者砍掉他的右手。

■ 保羅開車遇到紅燈，正在等綠燈的時候，另一部由莎拉駕駛的車突然撞了過來。法官判決莎拉必須賠償保羅汽車修理費美金 5,500 元和醫療費 8,376 元。

■ 三名幫派成員同夥毆打並搶劫一位站在公車站牌前的 60 歲婦人，導致她受傷住院兩個月並且永久身障。這三名幫派分子遭逮捕後，法官裁定送交少年矯正機構（Juvenile Hall）接受管訓與強制心理輔導半年，釋放後還要限制住居一年。

你的看法如何？

1. 你認為上述各案例的處置方式，是否公平？

2. 你認為除了公平性之外，還要考量哪些重要的價值與利益？

匡正正義的需求？

在所有社會中，總有一些共通現象，某些個人或是團體會對其他個人或團體造成**錯誤**或**傷害**。有些錯誤或傷害可能是出於意外，有的可能是故意。自文明社會以來，如果有人對他人造成錯誤或傷害，人們感認應該以某種方式加以導正。在理想情況下，這意謂把事物恢復到它們發生錯誤或傷害之前的情況。在某些情況下，這也許是可能的，但是在大部分情況下則不然。例如：人死不能復活。由於永遠不可能回復到事發之前的情況，人們就發展了其他的方式來回應錯誤與傷害。

所謂**匡正正義，就是針對錯誤與傷害，做出公平合理的回應**。回應方式有很多種，在有些例子中，可能會選擇忽視（ignore）發生的事，原諒做錯事的人，或是藉此事去教化該行為人，不可再重蹈覆轍。在有些情況中，可能會希望某人以某種方式賠償對他人所造成的錯誤或傷害。在某些例子中，法院可能會判處罰金、徒刑，甚至死刑。

在某些情況下，最稱心如意的（desirable）或者最適當的（proper）匡正方式，未必能滿足我們對於匡正正義的需求（need）。然而，它可能可以達到其他目的，

像是希望去原諒或寬恕某人,或是阻止或預防未來再次發生錯誤或傷害。舉例而言,如果一個沒有什麼錢的朋友,不小心弄壞你的東西,你也許不會想要你的朋友將東西回復原狀或是賠償你的損失。但是,你可能期待一個道歉。

匡正正義有一個原則目的(principal goal) —— 公平的導正錯誤或傷害。此外,我們也希望藉由對做錯事的人施予教化,或是以他/她為例,藉以預防或勸誡未來不再有類似的錯誤或不小心的行為發生。因此,匡正正義的目標或目的就是:

■ 匡正(correction):以公平的導正方式,要求犯錯的人負責補救或接受處罰。

■ 預防(prevention):防止行為人重蹈覆轍。

■ 嚇阻(deterrence):讓人們因為對行為的後果恐懼,利用對後果的恐懼而不敢犯錯或傷害他人。

匡正、嚇阻和預防,對社會來說是不可或缺的。若未努力實現這些目的,可能會產生失序與混亂。不僅在犯罪行為與民事問題,還包括在家庭、學校,以及其他私領域,確保匡正正義都是十分重要的。在評價什麼是適當的回應之前,當然,不用說也知道,必須要先決定誰應該要對錯誤或傷害負起責任。

你的看法如何?

1. 列出一些你看過的錯誤或傷害事件,以及處理方式。

2. 你認為哪些處理方式公平?請說明理由。

3. 你認為哪些處理方式並不公平?請說明理由。

4. 如果沒有嘗試對錯誤或傷害提供公平的回應,或者防止或預防它們,可能會發生哪些問題?請分別就家庭、學校、社區、國家列舉說明。

● 對一個較輕微的過錯,透過指派社區勞務工作,使行為人悔悟,是否是面對此錯誤較為公平的處置?

5. 在哪些情況下,可以不處罰犯錯的人,只要避免類似事件再度發生就好?

如何處理匡正正義的議題？

決定如何回應錯誤或傷害，在某些情況下也許是簡單的，像是當一個大孩子拿走其他小孩的玩具（財產）。我們的正義感可以透過「物歸原主」的方式達成。但是，如果我們關切的是如何預防這樣的事情再次發生，可能就要告知孩子，使其知曉未經他人允許而拿走別人的財產是錯誤的行為。這是希望藉由這些行動能教導孩子適當的行為。

在其他情況下，對於錯誤或傷害，尋找一個公平的回應可能是更為困難的。不幸的是，它並沒有一個簡單的公式可操作；然而，有一些「思考工具」在做決定時很實用。你可以使用下列的步驟來針對匡正正義，做出思慮周延的抉擇：

1. 辨別錯誤與（或）傷害的重要特徵（characteristics）。
2. 辨別導致錯誤或傷害的人的重要特徵。
3. 辨別受到錯誤或傷害的人的重要特徵。
4. 檢視對於錯誤或傷害的一般回應，以及回應的目的。
5. 考量其他的價值與利益，並且決定適當的回應。

在第七課、第八課裡，每一個步驟與「思考工具」都包含了詳細的檢查。然而，首先讓我們檢視錯誤與傷害的差異。

錯誤與傷害有何不同？

在研究匡正正義議題的時候，檢視錯誤與傷害的差別，是很重要的。如前面所學到的：

■一個錯誤的行為就是違反了法律、規則、習俗、道德原則所要求的本分（duty）或責任（responsibility）。

■傷害就是指對於人身或財產的損害或權利的侵犯。

在某些例子裡，行為可能是錯誤而且也造成傷害，像是當某人搶了一家商店並且對收銀員開槍。在其他例子裡，行為可能是錯誤但是並未造成傷害，像是當某人被吊銷駕照卻開車。此外，還有產生傷害而未產生錯誤的行為，像是當足球員因為鏟球受傷。接下來的問題需要你決定什麼樣的情況，包含了錯誤、傷害，或是兩者皆有。

檢視錯誤與傷害

　　兩人一組，先閱讀下面的案例，再回答「你的看法如何？」的問題，準備好後，跟全班分享你們的回答。

> 1. 數十人死亡且數百間房屋燒毀，火勢起因於露營的遊客使營火一時失去控制。
> 2. 瓦萊麗在排球決賽中推了莫妮卡以保住分數，莫妮卡卻手腕骨折。
> 3. 喬治駕車闖紅燈。幸運的是，沒有造成意外。
> 4. 技師威爾在換輪胎的時候，忘記鎖緊車輪，當顧客駕駛的時候，左前輪掉落，並且車子撞上停在路旁的卡車。
> 5. 警衛對銀行搶匪開槍，但是沒射中，銀行搶匪挾持人質以確保逃脫。之後，人質被釋放了。

你的看法如何？

1. 在上述每個情況中，什麼是錯誤，如果有的話？什麼是傷害，如果有的話？
2. 依照你的公平或是正義感，你想要用什麼方式去導正上述哪一個案例？
3. 上述那些情況中，你認為應該如何公平且公正的回應？
4. 你的回應方式，其目標與目的為何？

對錯誤和傷害的處置，加以評估並採取立場

全班分成小組，討論下列情況。各小組針對每一個情況回答「你的看法如何？」所列出的問題。準備好後，跟全班分享你們的答案。

> 1. 萊斯莉去逛百貨公司，並試穿了一件運動衫。她非常喜歡它的樣式，但是她身上沒帶足夠的錢買下它。萊斯莉決定偷這件衣服，她把它塞進手提包，然後走出那家店。突然之間，警衛抓住她的手臂，她被逮到了。
>
> 2. 阿曼和朋友看足球比賽的時候喝了很多的酒。在回家路上，當交通號誌變紅燈時，他未能及時煞車，阿曼的車子撞上一台小貨車，導致小貨車駕駛身受重傷，車內乘客及小孩當場死亡。阿曼受了傷，雙腿可能殘廢。
>
> 3. 阿妮塔和她 1 歲的女兒剛離開家。突然，兩個男子出現在車旁並且打開車門。他們大喊「滾開，我們要這輛車。」阿妮塔尖叫著「我的寶貝！」一名男子抓住阿妮塔，把她拉出車外，自己跳進車內並且準備發動。阿妮塔的手臂被安全帶纏住，她被車子拖行很長的一段距離，開車的男子仍沒有停車。他將車駛近籬笆，想擺脫掉阿妮塔。阿妮塔死了，男子停車，將嬰兒放在路旁後，疾駛離去。四小時之後他們遭到逮補。

你的看法如何？

1. 請指出案例中的錯誤和傷害。

2. 依照每一個案例的已知資訊，你認為各案例中的錯誤與傷害，應該用什麼方式加以回應，才算公平或適當？

3. 你的回應方式，是為了促進什麼目標或目的？

4. 有哪些其他資訊，有助於你決定如何處理錯誤和傷害？為何這些資訊是重要的？

● 學以致用

1. 有些人的工作職責之一是處理錯誤和傷害，請訪問他們。你可以考慮訪問警察、律師、法官、觀護人或學校校長，請他們描述曾經處理過的情況，找出他們認為最佳的處理方式。

2. 《漢摩拉比法典》第 125 條規定：「某甲將財物交由某乙保管，若某乙遭竊，導致自有財物與某甲財物損失，則因某乙未盡保管之責，除應全額賠償某甲之財物損失外，尚需負責追回某甲之財物。」

   你認為這條法律是否公平？請說明理由。

MEMO

第七課　匡正正義的思考工具？

　　本課介紹一些用來檢視匡正正義的「思考工具」。學完這課，你將能針對匡正正義的議題，運用這些工具去評估、採取立場，並加以辯護。

關鍵
詞彙

比例 proportionality
程度 extent
持續時間 duration
影響 impact
惡性（違反是非 / 道德觀）offensiveness
故意 intent
輕率（放任）recklessness
疏忽 negligence
能認知可能的後果 probable consequences
正當理由 justification
悔意（悔恨；自責）remorse
後悔 regret

評估匡正正義議題的第一步驟

步驟（一）
找出錯誤與／或傷害

a. 發生了哪些錯誤或傷害？

匡正正義的目的，就是公平處理錯誤與傷害，要落實匡正正義，首先就要釐清整起事件的錯誤與傷害，並且分析傷害是不是由錯誤的行為造成，才能想出最好的處理方式。傷害是否因為違反了義務所造成，是決定公平處置的重要關鍵。

例：假設有個小孩在馬路上亂跑，被車子撞到。在決定公平的匡正方式之前，若能先釐清以下狀況，結果會有怎樣的差別？汽車駕駛很小心開車，並且遵守交通規則；或是由於超速駕駛，才煞車不及撞到人？

● 釐清傷害是否由錯誤的行為所造成，為何很重要？

b. 錯誤或傷害有多嚴重？

在決定處置方式之前，要先評估錯誤與傷害的嚴重程度，決定對應的處罰方式。我們稱之為**比例原則**，就是處罰方式應該與錯誤或傷害的嚴重程度成比例，不應過輕或過重。

為了符合比例原則，決定對應的處置方式之前必須考量錯誤或傷害的嚴重程度。

● 為什麼決定處置方式之前，必須考量情節輕重？

例：假設麥可在高速公路上超速行駛，後來發現一輛警車跟在後面，車頂的燈閃個不停。針對麥可立刻放慢且盡快開到路肩停下，或是麥可加速逃逸的情況，是否應做不同的處置？

　　由此可見，當你試著做一個公平且適當的回應時，評估錯誤或傷害有多嚴重是重要的，至於如何衡量，以下幾個概念可以用來評估錯誤或傷害的嚴重程度。

■ 程度：哪些人受到影響？造成哪些損失？

■ 持續時間：事件持續了多久？

■ 影響：事件造成的傷害、損失有多嚴重？是暫時，還是永久？

■ 惡性（違反是非／道德觀）：根據你的是非判斷、人性尊嚴或其他價值考量，整起事件中出現哪些錯誤？

評估錯誤與傷害的嚴重程度

　　兩個人一組，先閱讀「兩間污染工廠」的故事，再評估每間工廠所造成的錯誤與傷害的嚴重程度，進一步回答「你的看法如何？」的問題，跟全班報告你們的心得。

兩間污染的工廠

假設兩家工廠任意排放廢氣,違反環境保護法,遭到環保局開單處罰。詳細情形如下:

●判斷工業污染所造成的錯誤或傷害的嚴重性時,你會考慮什麼因素?

M工廠位於住宅區,當地居民約一萬人。五年多來,工廠天天排放大量廢氣,廢氣含有毒物質,可能引發呼吸道疾病、肺氣腫甚至肺癌。好幾位居民已經罹患嚴重呼吸道疾病,可是工廠就是不願意改善。

Z工廠位於市郊,與M工廠一樣排放大量廢氣,不過廢氣的有毒物質含量較少,不會致命。當地一千多位居民抱怨工廠排放的廢氣非常難聞,無法忍受。工廠排放廢氣有整整兩個月,目前已經努力減少排放量,但是居民仍然不滿意。

你的看法如何？

1. 兩家工廠的錯誤或傷害的程度如何？多少人事物受到影響？

2. 兩家工廠的錯誤或傷害持續了多久？

3. 兩家工廠的錯誤或傷害帶來了怎樣的影響？傷害有多嚴重？這些傷害是暫時的還是永久的？

4. 兩家工廠的錯誤或傷害有沒有侵犯他人的權益？有沒有違反是非正義、人性尊嚴與其他價值？

評估該不該罰

前面的思考練習運用了一些「思考工具」，幫助你評估錯誤或傷害的嚴重程度，其實匡正正義議題的解決，除了評估錯誤或傷害的嚴重程度之外，其他因素和考量事項，也應該被考慮進去。

現在全班分組，先閱讀「火災」這篇故事，再討論「你的看法如何？」的問題，準備好後，跟全班同學分享你們的答案。

火災

喬治和他的朋友丹，都是七歲，兩人常常到鄰居家、院子還有車庫玩耍，他們常看到隔壁鄰居在燒樹葉，當他們問鄰居需要幫忙嗎？鄰居只是叫他們離火遠一點。

有一天，鄰居出門了，喬治跟丹拉開鄰居車庫入口的帆布，跑進裡面玩。玩了一會兒之後，突然覺得很冷，他們在車庫裡發現一堆木柴，想生火取暖。他們把木柴拿到車庫門口，在院子裡蒐集了一大堆樹葉，丹跑回家拿火柴。

● 在這個案例中，錯誤與傷害的處置應如何決定？需要考量哪些重要的因素？

他們點燃火柴，等樹葉著火之後，他們就背對著火取暖，沒想到火卻一直燒到車庫的門。他們試著滅火卻失敗了，火一路從車庫燒到鄰居的房子，造成 28,000 美元的損失。

喬治跟丹都智力正常。兩人的父母也常常告誡他們不能玩火，也不能用火柴點火玩。

LESSON7

你的看法如何？

1. 你認為喬治跟丹該不該被處罰？可考慮那些因素？

2. 在決定喬治跟丹該不該被處罰之前，你需要知道哪些資訊？為什麼這些資訊是重要的？

3. 你認為應該如何公平的處置故事中的錯誤與傷害？

4. 是不是所有類似的錯誤與傷害都應該按照同樣的方式回應？請說明理由。

5. 你的回應方式能不能防止類似事件發生？請說明理由。

決定如何回應錯誤與傷害前，哪些因素是重要的？

前面的練習活動，評估該不該處罰喬治跟丹，也探討決定處罰之前需要考慮哪些事情。如你所知，匡正正義未必非得採取處罰的方式，其實在某些情況下，可能用其他的方式比處罰更好。

首先，如果傷害並非由於不小心或錯誤行為，就不需要修正。有時錯誤或傷害並不嚴重，就毋需處罰也不需要花費時間與精神處理。

另一方面，如果處罰不能防止類似事件再度發生，也可能決定不處罰，比較適當的做法是向犯錯的人解釋他的行為有哪些缺失，或者要求犯錯者接受治療與輔導。即便原諒或寬恕犯錯者，我們也認為未來他們不會再犯。

哪些情況使我們相信不需要處罰犯錯者？在某些情況中，衡量犯錯者的行為後，使我們相信犯錯者並非故意或者有企圖。在某些情況中，評估犯錯者的本質或性格後，使我們相信應該給予改過自新的機會。此外在有些情況中，評估受害者的行為，可能可以使我們相信犯錯者的行為，在某個程度上可說是正當或可原諒的。

接下來的批判思考練習，介紹評估匡正正義的其他兩個步驟。你會學到另一套「思考工具」，幫你判斷犯錯者或受害者的立場。

透過思考工具，考量重要的因素

說明：閱讀下面「思考工具」步驟後，接下來：

■ 討論每個步驟的用處。

■ 試著舉出你曾經應用這些步驟在哪些親身經歷或者看過的真實事件。

步驟（二）

考量造成錯誤或傷害的人的立場

在決定如何回應之前，必須先考慮下面幾個問題：

a. 心態（state of mind）：此人於事發當時抱持什麼心態？

心態是決定回應方式的重要關鍵，考量一個人的心態可以從下面的角度著手：

● 法官在宣判之前，應該考量哪些事情？

■ 故意：這個人是存心傷害別人，還是不小心犯錯？

■ 輕率：這個人事先知不知道自己的行為可能造成嚴重的後果？是不是明知故犯？

■ 疏忽：這個人是不是粗心大意，沒有預先想到可能的後果？

■ 能認知可能的後果：這個人有沒有辦法察覺自己行為的缺失？知不知道自己的行為可能傷害別人？

■ 控制：這個人是否心智健全？能不能控制自己的行為？

■ 本分或義務：這個人有沒有該做什麼或不該做什麼，以防止錯誤或傷害發生的職責？

■ 更重要的價值與利益：這個人的動機為何？背後有沒有特殊原因（如某些價值、利益、責任）可以合理化他的行為？

例：回想一下「火災」的故事，如果喬治跟丹故意放火燒車庫門，你認為應該如何處罰他們？或他們年紀更長，知道用火不慎的後果，回應方式會有什麼不同？

例：高速公路經常發生超速行駛事件，如果駕駛超速是為了送重傷的朋友去醫院，和駕駛只是喜歡開快車，對於這兩種超速行為的處置，應該有什麼不同？

b. 過往紀錄：這個人以前有沒有造成類似的錯誤或傷害？

c. 性格（character）與人格特質（personality traits）：這個人值不值得信任？做事謹不謹慎？尊不尊重他人的權益？有沒有暴力傾向？

d. 後悔（regret）或自責（remorse）的感覺：這個人是否對於自己的行為感到抱歉（sorry）？還是不在乎？

e. 角色：這個人是單獨行動，還是結夥行動？是領導者，還是參與者？

例：回到「火災」的故事，如果喬治跟丹以前曾經放火燒毀過別人的房子，回應方式會有什麼不同？又如果他們對於自己所造成的損害感到抱歉或不覺得抱歉，回應方式會有什麼不同？另外，如果是年紀較大的孩子教唆他們放火，又會有什麼不同？

步驟（三）
檢視受到錯誤或傷害影響的人

　　除了要考量造成錯誤或傷害的人的各種立場，也不能忽略受害者的立場，可以從以下兩個角度衡量受害者的情形：

a. 受害者的行為是否直接或間接導致事件發生？

b. 這個人有沒有從傷害或錯誤中復原的能力？

例：在「火災」的故事中，如果當時鄰居在家，而且允許喬治跟丹在車庫門口燒樹葉，則回應方式會有什麼不同？若這場火災燒毀了鄰居的傳家寶，又會有什麼不同？

你的看法如何？

1. 在決定回應方式之前，為何要考量犯錯者的心態？為何要考量犯錯者的動機與可能的合理化理由？

2. 前面提到應該考量犯錯者的過往紀錄、性格、人格特質，以及是否感到後悔或悔意，你支持這樣的論點嗎？你認為相同的錯誤應該採用相同的處罰，還是應該考量個別犯錯者的人格特質再做決定？請說明理由。

3. 你認為本課介紹的「思考工具」三步驟，能不能解決匡正正義的問題？還有哪些層面需要考慮？請說明理由。

學以致用

1. 閱讀報章雜誌，蒐集跟匡正正義有關的文章，也可以收看關於匡正正義的電視新聞或娛樂節目，將你蒐集到的資料帶來學校，跟同學報告你所看到的事件，就如何決定回應錯誤與傷害，說明「思考工具」的運用。

2. 請老師協助，邀請一位法官或律師到課堂參與討論，解釋法律訴訟過程如何運用「思考工具」。

3. 畫一則漫畫，主題是跟匡正正義有關的事件，必須至少包含一個本課所學的「思考工具」。

LESSON8

第八課　匡正正義應該考量的價值與利益？

本課目標

　　本課介紹另外兩個有助於檢視匡正正義議題的「思考工具」。你將學到錯誤與傷害事件的一般處理方式，及其能達到的目的。你也會學到在決定處理方式時，必須檢視的重要價值與利益。

　　學完本課，你應該能夠了解一般回應方式背後的考量，也懂得運用「思考工具」來評估不同情況下匡正正義的議題。

關鍵詞彙

寬恕 pardon
復原 restore
補償 compensate

匡正正義的最後兩個思考工具：步驟四、步驟五

　　你已經學過匡正正義的前三個「思考工具」，包括：

1. 辨別錯誤或傷害的重要特徵。
2. 辨別造成錯誤或傷害之人的重要特徵。
3. 辨別受到錯誤或傷害之人的重要特徵。

　　本課要學習第四和第五個「思考工具」：

4. 檢視錯誤與傷害的一般回應方式及目的。
5. 考量相關的價值與利益，以決定如何才是最佳的回應方式。

　　前面提過回應錯誤與傷害的方式很多。為了做出最好的決定，應該仔細評估每一種回應方式的可能性，並檢視相關的價值與利益。

步驟（四）

檢視錯誤與傷害的一般處理方式及其目的

先前提到，匡正正義主要目的是針對錯誤或傷害，提出公平合理的處置，才是解決問題。除了匡正錯誤或傷害之外，還要能夠避免犯錯者再犯，並防止或勸阻其他人犯下相同錯誤。有些回應方式是為了符合某些價值與利益，未必有達到匡正正義的目的。以下列出一些普遍的回應方式，以及背後的目的說明。通常一件事情可以用很多種方式解決，而且常常需要達到許多目的。

a. 通知或口頭告知犯錯者，讓他／她知道自己已經造成哪些錯誤或傷害

向犯錯者解釋其行為有何不對或造成哪些傷害；這種回應方式之目的，是為了避免未來再次發生類似的錯誤或傷害。此種回應方式除非同時採取其他做法，否則其實並沒有匡正錯誤或傷害。

例： 一輛汽車被警察攔檢，車上駕駛所持駕照是其他州所核發。警察告知駕駛「紅燈時右轉」違反了當地的規定，不過警察並未開罰單，即讓駕駛離去。

例： 六歲的克雷格把火柴當玩具，因而引燃火勢燒掉一小塊草皮，他爸媽將火撲滅後，一名消防人員來訪，告訴克雷格他玩火的危險性，以及因為他錯誤的行為所造成的損害。

b. 故意忽略或不予理會

有時我們需要對錯誤或傷害加以忽視（overlook）或視而不見（ignore），因為不需要花時間和力氣去嘗試導正它。有時我們相信，某些人犯錯只是希望得到他人關注。刻意的視而不見，即可防止未來再發生類似的錯誤行為。此種處理方式並未匡正錯誤或傷害。

例： J-M 電器公司員工開車送一台新的電視機到凱文家，不小心輾過院子裡種的名貴玫瑰。凱文雖然很生氣，但他選擇不做任何處理。

例： 強森女士是幼兒園的老師，班級裡有一位年幼的學生，常常在她讀故事給班上學生聽的時候，不斷拍手。她通常刻意忽略這名學生的這個行為。

c. 原諒或寬恕造成錯誤或傷害的人

有時候我們會原諒或寬恕犯錯者，希望他們能好好反省，修正自己的行為。有時候，我們認為犯錯者已經付出代價，我們也了解人都會犯錯。我們自己犯錯的時候，也希望別人能夠原諒。此種處理方式，並未匡正錯誤或傷害。

例： 湯瑪斯不小心撞倒保羅，使保羅扭傷腳踝，湯瑪斯一直道歉，保羅明瞭這是意外，他完全不怪湯瑪斯。

例： 蘇借美金 1,000 元給朋友麥克，麥克答應一年之內還錢。未料麥克失業，無力還債。她決定不循法律途徑，直接要麥克不用還錢。

d. 處罰造成錯誤或傷害的人

　　處罰的目的之一，就是匡正正義。犯錯者必須為自己造成的錯誤或傷害付出代價。處罰能給犯錯者一個教訓，避免日後犯下同樣錯誤。處罰犯錯者也可以嚇阻其他人犯下類似錯誤。

例： 馬丁和洛倫佐在學校打架，校長罰他們五天不能到學校。

例： 希薇亞、瑪莉和山姆三人偷竊兩間民宅被法院裁決，判處入獄六個月。

e. 要求造成錯誤或傷害的人負責復原

　　對於取走他人之物的人，通常我們會要求他要物歸原主，以避免或嚇阻未來再發生類似的錯誤或傷害。

例： 大衛被法院裁決以詐欺方式購買豪瑟的房屋，法官要求大衛歸還房契。

例： 傑森被管理員發現他在牆壁上亂噴漆。因此，他得利用下星期六的時間去粉刷壁面，以回復原狀。

● 對於未經允許而在他人房屋亂塗鴉的人，應該如何處理，才算是匡正正義？

f. 要求犯錯者賠償

　　有些錯誤或傷害永遠無法復原。例如：遺失或者已經毀損，而無法歸還失主。這種情況，就會要求犯錯者以金錢或其他等值物品賠償，要求賠償也可防止類似事件再度發生。

例： 伯恩斯先生在市立圖書館借了一本書，不小心弄丟了，他必須買一本相同的書賠給圖書館。

例： 一部車輛在路上行進中突然起火爆炸，駕駛當場死亡，駕駛的家人控告汽車公司，要求賠償。陪審團判定汽車公司應賠償駕駛的妻子美金 100 萬元，法院依此做出判決。

● 對於無法復原的損失，你認為金錢賠償是合理的回應嗎？

g. 要求犯錯者接受治療與教育

　　提供治療或教育的目的，並不是匡正錯誤或傷害，而是給予犯錯者知識與技能，使其自立，能負起身為社會成員的責任，避免以後犯同樣的錯誤或傷害。

例：在美國堪薩斯州托皮卡市，所有的囚犯都要接受精神科醫師與心理輔導專家提供的心理測驗與治療。根據研究，接受心理治療的囚犯比沒有接受治療者出獄後，再犯的機率低25%。

例：卡洛因超速駕駛被開罰單，不過因為他是初犯，法院允許他可以選擇參加交通安全講習取代罰鍰。

● 教育如何達到匡正正義的目的？

你的看法如何？

1. 你認為哪些情況不需處罰犯錯者？如果不處罰，應該以哪些方式處理？請說明理由。

2. 假設甲不小心弄傷了乙，或是不小心弄壞了乙的東西，你認為應該如何處置？如果甲是故意的，你認為應該如何處置？

3. 如果一個成年人犯錯，遭到他人告誡，後來卻又再犯，你認為應該如何處置？如果犯錯的人是小孩或十幾歲的青少年，你認為應該如何處置？請說明理由。

步驟（五）

考量相關的價值與利益，決定最適當的回應方式

匡正正義的基本目的，就是針對錯誤或傷害，做出公平合理的處置。大家希望同樣的事情不會再度發生，如此才能維護公理與秩序。因此回應方式必須能夠達到匡正正義的三大目的，也就是匡正、預防、嚇阻，除此之外，還要符合比例原則。

另外也要考量價值與利益。一方面我們希望維護人性尊嚴、尊重生命，同時也希望賞善罰惡。

兼顧這些因素並不容易，因為這些因素有時會互相衝突。有時候，我們把匡正正義放在第一位；有時候，則優先考量其他價值與利益。在決定回應方式之前，請先衡量下面的問題：

a. 如何匡正錯誤或傷害？

矯正錯誤就是匡正正義的第一步，像是要求小偷把贓物歸還失主，或是賠償失主的損失，也可以要求犯錯者接受處罰。有些處理方式是為了符合某些價值與利益，並非落實匡正正義。

例：朋友不小心打破你的玻璃杯，你可能不會叫他賠償。

b. 如何防止類似事件再度發生？

有些處理方式能夠防止犯錯者再犯，以及防止他人犯下相同錯誤。

例：將犯錯者判處有期徒刑可以暫時將他與社會隔離，希望他獲釋之後能改過自新，不會再犯。珍惜自由的人看到他坐牢，也會心生警惕，避免犯下同樣的錯誤。

c. 如何落實分配正義？

要符合分配正義，就要用相同的方式處理相同的事件，不同的事件就要用不同的方式處理。

例：某甲與某乙偷竊遭到逮捕，兩人背景相同，前科也相似，被捕後都遭到法院判刑。但是，某甲被判有期徒刑，某乙卻只被判緩刑，這樣的判決就不符合分配正義。

d. 如何維護人性尊嚴？

每個人都有尊嚴，即使是罪犯也一樣。每個人都有基本的價值與尊嚴，應該予以尊重。一個人不管犯了多大的錯，別人也沒有權力動用私刑處罰他。

e. 如何維護生命價值？

生存是基本人權，應該被保障。有些人認為死刑違反生存權；有些人則認為只有死刑才能遏止謀殺，促進生命價值。

f. 如何運用現有資源做出最合理的處置？

　　個人和社會大眾都需要有效地運用時間、人力、財產，來適當回應錯誤或傷害。必須考量回應方式的代價是否過大。

例： 在現行制度下，國家會負擔刑事案件的證據蒐集、司法審判、罪犯監禁等成本。可是，通常沒有補償刑事受害者的損失。

g. 如何保障自由？

　　個人的自主、選擇機會、遷徙和表達的自由，是我們社會高度重視的價值。在選擇處理方式時，必須考量犯錯者與其他人的自由權。

h. 如何符合比例原則？

　　要判斷回應方式是否公平，最基本的考量是看處罰的輕重與事件的嚴重程度，是否合乎比例。

例： 謀殺與偷竊的刑罰不可能相同。換句話說，處罰的輕重，必須符合犯行的嚴重程度。

i. 如何才能平衡報復的心理

　　從古老時期開始，人們的正義觀就包括報復（或應報，revenge）的渴望；希臘神話裡，涅墨西斯（Nemesis）是復仇女神。現今有些人認為在選擇或評估匡正正義的方式時，不應該將應報列入考慮。有些人則認為報復是人類天性，應該被社會視為匡正正義的考量點之一。

例： 培根（Sir Francis Bacon）在 1625 年寫道：「報復是一種野蠻的正義，人性復仇的慾望愈深，就愈需要法律制衡，注入理性思維。」

你的看法如何？

1. 在匡正正義中，為何考量價值與利益會有助於確保回應方式公平合理？

2. 若忽略價值與利益的衡量，可能會產生哪些問題？

3. 復仇會不會和人性尊嚴以及生命價值產生衝突？如何解決其衝突？請說明理由。

運用思考工具評估匡正正義的議題

　　下面的故事摘錄自俄國作家杜斯托也夫斯基（Fyodor Dostoevsky，1821 年～1881 年）的作品《罪與罰》（Crime and Punishment），請先閱讀故事，然後分組討論，完成第 69-70 頁的表格，再回答「你的看法如何？」的問題，並準備在課堂上報告你們的心得。

謀殺案（The Murder of Aliona Ivanovna）

　　羅季昂・拉斯科利尼科夫（Rodion Raskolnikov）來自俄國的鄉下地區，一個人在城市唸大學。雖然家境非常貧困，他的父母還是想辦法寄錢給他，讓他繼續唸書。羅季昂租了一間昏暗狹小的房間，為了省錢，每天只吃一餐。最近，他愈來愈沒辦法專心唸書。他可以忍受貧窮的生活，但一想到父母必須省吃儉用才能供他唸書，心裡就非常難過。

● 你認為應該如何合理回應羅季昂所造成的錯誤與傷害？你會考量哪些因素？

　　羅季昂想到一個好方法，可以讓他全家永遠脫離貧窮。這樣做不僅是為了錢，還可以幫助很多像他這樣的窮學生，事成之後，很多人都會感謝他。

　　羅季昂計畫殺掉艾莉歐娜・伊凡諾芙，她是當鋪老闆，專門壓榨窮學生。學生拿家裡的貴重物品典當，艾莉歐娜卻只給學生很少的錢。艾莉歐娜靠壓榨像羅季昂這樣的窮學生賺取暴利。光是當鋪並不能滿足艾莉歐娜的貪念，她還

要求同父異母的妹妹莉扎薇塔外出賺錢。莉扎薇塔是個好人，可惜太過老實，不敢反抗姊姊的命令，只能拼命工作，把錢交給姊姊。羅季昂認為艾莉歐娜這種人根本不配活在世上，除掉艾莉歐娜，就可以解救莉扎薇塔以及許多窮學生。

羅季昂知道莉扎薇塔早上要到菜市場工作，不在當鋪。有一天早上他走進當鋪，假裝要典當物品，趁艾莉歐娜低頭數錢的時候用斧頭狠狠敲她的頭，沒多久艾莉歐娜就一命嗚呼。眼看四下無人，到處翻箱倒櫃，尋找值錢的東西。

正在搜刮當鋪的時候，突然聽見開門的聲音，沒想到莉扎薇塔居然回來了！莉扎薇塔一眼看到姊姊的屍體，嚇得說不出話來，只能呆呆站在原地，動彈不得。羅季昂害怕莉扎薇塔報警，衝上前去用斧頭把莉扎薇塔砍死，可憐的莉扎薇塔還來不及喊救命，就死在羅季昂的手裡。

● 這個故事出現哪些錯誤與傷害？應該如何處置？這些處置方式能達到哪些匡正正義的目的？

羅季昂倉皇逃離當鋪，回到他的公寓，把斧頭藏在房間地板下面，然而罪惡感卻始終揮之不去。羅季昂向朋友隱約透露自己知道兇手是誰，後來警方來到羅季昂的公寓，他也透露了一些線索。最後終究逃不過良心的譴責，主動向警方自首。

LESSON8

你的看法如何？

1. 這個故事出現哪些錯誤與傷害？應該如何處置？

2. 如果法官認為兩起謀殺處罰方式應該不同，你認為哪一起謀殺比較嚴重？請說明理由。

3. 你所建議的處理方式，能否匡正故事裡的錯誤或傷害？

4. 你所建議的處理方式，能否預防類似的錯誤或傷害重演？

學以致用

1. 想像你生活在俄羅斯沙皇時期，你要寫一篇有關上述這篇謀殺案的新聞報導，請從下列項目選出最貼切的標題：
   - 誰是真正的受害者？
   - 扭曲的正義
   - 維護社會秩序
   - 以牙還牙
   - 真實告白
   - 殘殺女性

2. 蒐集不同社會處置以下犯罪的方式，並在課堂上報告：
   - 謀殺
   - 搶劫
   - 偷竊國有財產

匡正正義議題的思考工具表	
問題	答案

1. 辨別錯誤或傷害：
  a. 出現哪些錯誤或傷害？
  b. 錯誤或傷害有多嚴重？請考量：
    ■ 嚴重程度
    ■ 持續時間
    ■ 影響
    ■ 惡性	

2. 辨別造成錯誤或傷害的人之重要特徵：
  a. 此人當時的心理狀態。請考量：
    ■ 故意
    ■ 輕率
    ■ 疏忽
    ■ 能認知可能發生的結果
    ■ 控制或選擇
    ■ 本分或義務
    ■ 重要的價值、利益或責任
  b. 此人的過往紀錄
  c. 此人的性格
  d. 此人的感受
  e. 此人在整起事件中的角色	

3. 辨別受到錯誤或傷害的人之重要特徵：
  a. 受害者的行為是否直接或間接導致事件發生？
  b. 錯誤或傷害事件的受害者，復原的能力如何？	

匡正正義議題的思考工具表	
問題	答案
4. 檢視一般處理錯誤與傷害的回應與目的： 　a. 是否應告知犯錯者其行為已造成錯誤或傷害？為什麼？ 　b. 是否應故意忽略或不理會該錯誤或傷害？為什麼？ 　c. 是否應原諒或寬恕犯錯者？為什麼？ 　d. 是否應處罰犯錯者？為什麼？ 　e. 是否應要求犯錯者負責復原？為什麼？ 　f. 是否應要求犯錯者賠償？為什麼？ 　g. 是否應對犯錯者提供治療或教育？為什麼？	
5. 考慮相關的價值與利益，決定適當的回應： 　a. 如何匡正錯誤與傷害？ 　b. 如何嚇阻或預防類似事件再度發生？ 　c. 如何落實分配正義？ 　d. 如何維護人性尊嚴？ 　e. 如何維護生命價值？ 　f. 如何運用現有資源，做出最合理的處置？ 　g. 如何保障犯錯者以及其他人的自由？ 　h. 如何符合比例原則？ 　i. 如何平衡應報的心理？	
6. 請說明你最後決定的處理方式。	

MEMO

第九課　評估匡正正義？

本課目標

　　本課要請你運用前面學到的「思考工具」表，分析一個法律案件，學完這一課，你應能運用「思考工具」，針對匡正正義的相關議題，加以評估、採取立場，並為其辯護。

評估、採取立場，並為其辯護

　　請閱讀下面市政府的醜聞故事，完成兩個活動：

■ 找出貝城市府員工造成的錯誤與傷害。

■ 運用本課後面的「思考工具」表，找出最理想的處置方式。

　　老師可能會請每位同學報告自己的心得，也有可能將全班分組，扮演市長的專案小組。小組負責調查整起事件，向市長建議懲處方式。現在請先閱讀故事，再依照後面的步驟，調查整起事件。

市政府爆發醜聞

踢爆貝城市政府集體貪污

　　【貝城訊】報社接獲線報，指出貝城市政府官員涉嫌集體貪污。證據顯示，市政府安檢人員涉及幾十起非法收取賄賂與回扣案件，牽涉在內的市府單位包括消防局、建築管理課、衛生局等，市府核准的幾位建築包商也疑似涉案。

　　報社為了深入調查貪污之傳聞，提供資金並授權記者米爾塔・拉米雷斯買下一間小型快餐店，拉米雷斯買下店面後，僅做了小幅度的維修，留下許多違反建築和衛生法規的問題。拉米雷斯隨後聯繫羅伯特・曼寧，他是一位建築包商，擁有市府核發的執照。

　　兩人見面後，拉米雷斯希望他能幫忙安排通過一些必要的安檢，以達到市府在建築、安全、衛生方面的要求。曼寧表示只要先付酬金，他非常樂意幫忙「打通關節」。在拉米雷斯付出一大筆現金後，曼寧遞給拉米雷斯幾張自己的名片，他解釋無論何時官員來檢查，只要拿個信封袋，裡面裝美金 100 元還有他的名片，偷偷拿給官員，保證沒人找她麻煩。

　　第一位到來的市府官員來自消防局，當她來到拉米雷斯的店面，拉米雷斯獻上信封，官員看了看裡面的內容後，拉米雷斯店面裡幾處重大違反消防法規的問題被忽略了。官員「巡視」了店面，居然沒發現任何違規，還填寫了一份表格，保證拉米雷斯的快餐店「完全符合消防安全規定」。

　　拉米雷斯重複以上流程，往後只要官員來訪，一律送上信封。官員收了信封，對店裡的違規通通「視而不見」。沒有一位官員做徹底的檢查，也沒有一位官員要求拉米雷斯改善店內設施。

　　幾個月後，報社邀請市府消防局、建築管理課、衛生局的首長一同前往拉米雷斯的店面，請他們徹底檢查店內設施，看看哪些地方違規，居然發現有 38 處嚴重違規，參與這次調查的首長們也坦承，拉米雷斯的店對公共衛生和安全具有嚴重的危險性。

市府專案小組的會面

　　在報社刊登報導貝城市政府醜聞的那一週，貝城市長指派專案小組深入調查問題，決定懲處名單。現在請全班分組，擔任專案小組，依據下列步驟調查：

■ 閱讀證詞摘要。
■ 完成 76 至 77 頁的「思考工具」表。

■ 對證詞摘要所提到的每個人提出回應。

■ 準備對全班說明懲處的理由。

　　證詞摘要來自市長專案小組公聽會的副本。

唐・杜蓁斯基
貝城市政府建築管理課課長
作證時間：二月五日上午

　　杜蓁斯基今年 37 歲，離婚，在市政府工作長達十七年，擔任目前的職務已有八年，年薪是美金 4 萬元。

　　杜蓁斯基在市府考績一向良好，主管給他「認真負責」的評語，完全沒有犯罪前科。

　　杜蓁斯基在約談時表示：「我對外界所指控在我辦公室同事的不法行為，一無所知。也許我應該知道，但是我不知道。」

　　專案小組提醒杜蓁斯基，去年爆出建築課調查員收取賄賂傳言時，市長曾經要求他調查此事。杜蓁斯基聽了只是聳聳肩：「我問了幾位同仁，他們都說沒人收賄。當你跟我在市府待得一樣久時，你會知道不要問太多問題。」

羅伯特・曼寧
建築包商
作證時間：二月四日下午

　　曼寧今年 52 歲，已婚，有四個孩子，年紀最大的 26 歲，最小的 11 歲。曼寧在二十五年前取得市府建築包商執照編號是 #1568-A。

　　曼寧坦承自己名下財產超過美金 100 萬，但拒絕透露財產來源。

　　政府機關資料顯示，曼寧曾經因為提供不良建材，在 1980 年遭到吊銷執照半年。曼寧沒有犯罪前科，也沒有違反其他建築法規。

　　曼寧在約談時坦承，他的確如報導敘述般地行事，但對於報導引起的軒然大波感到意外。他表達自己的信念，他認為自己的行為很正常。他說：「這個城市就是這樣，我承包市政府工程已經二十多年了，一直都是這樣辦事，以後也會一直這樣。」

珍寧‧李派爾

貝城市政府消防局官員

作證時間：二月五日上午

李派爾今年 23 歲，有兩個小孩，在消防局擔任檢查員兩年，考績紀錄非常好。她沒有犯罪前科，然而在高中時期曾經因為考試作弊休學兩周。

李派爾在約談時坦承收受賄款：「我知道這樣不對，我剛進市府的時候從來不收賄，可是我發覺其他檢查員收賄，好像沒人會在意。我一個人要養兩個小孩，消防局的薪水又不多，我拿錢只是想給小孩買像樣一點的衣服穿。」

在 2 月 6 日上午，李派爾送了一封信給專案小組，信中提到她願意作證其他檢查員收賄，希望專案小組不要讓她被起訴。

你的看法如何？

1. 請跟你的組員討論，要如何對證詞摘要的每個人提出回應。

2. 所有小組是否都對新聞報導裡的錯誤與傷害有相同的回應？

3. 你認為各組提出的懲處方式公不公平？請說明理由。

4. 各組提出的懲處方式，能不能匡正錯誤或傷害？

5. 各組提出的懲處方式，能不能防止類似事件再度發生？

學以致用

1. 請政府機關的政風人員到班上討論跟貝城市貪瀆案類似的真實案件，並且請他說明一般的處理方式。

2. 研究並找出下列任一件政府醜聞的回應方式。
   ■ 1972 年美國水門案（Watergate scandal）
   ■ 1980 年代晚期伊朗門事件（Iran-Contra scandal）
   在課堂上報告你的心得。

3. 觀察你的學校、社區、國家，找出與匡正正義相關的重大事件。在課堂上報告，仔細分析事件內容，以及其中牽涉到的價值與利益。使用第八課的「思考工具」表來決定處置方式。如果你無法根據現有資料決定如何處置，請在課堂上報告你的理由。

匡正正義議題的思考工具			
	唐・杜蕘斯基	羅伯特・曼寧	珍寧・李派爾
1. 辨別錯誤或傷害 　a. 出現哪些錯誤或傷害？ 　b. 錯誤或傷害有多嚴重？ 　　請考量： 　　■嚴重程度 　　■持續時間 　　■影響 　　■惡性			
2. 辨別造成錯誤或傷害的人的特徵 　a. 犯錯者當時的心理狀態。 　　請考量： 　　■故意 　　■輕率 　　■疏忽 　　■能認知可能發生的結果 　　■控制或選擇 　　■本分或義務 　　■重要的價值、利益或責任 　b. 犯錯者的過往紀錄 　c. 犯錯者的性格 　d. 犯錯者的悔意 　e. 犯錯者在整起事件中的角色			
3. 辨別受害者的重要的特徵 　a. 受害者的行為，是否直接或間接導致事件發生？ 　b. 錯誤或傷害事件的受害者，復原的能力如何？			

匡正正義議題的思考工具			
	唐・杜蓁斯基	羅伯特・曼寧	珍寧・李派爾
4. 檢視一般處理錯誤與傷害的回應與目的： a. 是否應告知犯錯者其行為已造成錯誤或傷害？為什麼？ b. 是否應故意忽略或不理會該錯誤或傷害？為什麼？ c. 是否應原諒或寬恕犯錯者？為什麼？ d. 是否應處罰犯錯者？為什麼？ e. 是否應要求犯錯者負責復原？為什麼？ f. 是否應要求犯錯者賠償？為什麼？ g. 是否應對犯錯者提供治療或教育？為什麼？			
5. 考慮相關的價值與利益，決定適當的回應： a. 如何匡正錯誤與傷害？ b. 如何遏止或預防類似事件再度發生？ c. 如何落實分配正義？ d. 如何維護人性尊嚴？ e. 如何維護生命價值？ f. 如何運用現有資源，做出最合理的處置？ g. 如何保障犯錯者以及其他人的自由？ h. 如何符合比例原則？ i. 如何平衡應報的心理？			
6. 請說明你最後決定的處理方式，並說明理由。			

UNIT 4

第四單元：程序正義？

● 這些照片內容，說明了哪些程序正義的議題？

單元目標

　　第四單元探討程序正義，亦即以公平程序或公平方式處理事情。同學將會了解程序正義為何重要，以及如何使用「思考工具」評估程序正義的問題，並採取立場，為其辯護。

　　學完本單元後，同學應能定義程序正義，並說明其重要性。同時，也能運用本單元的「思考工具」，對程序正義的問題，做出明智的決定。

第十課　為何程序正義很重要？

本課目標

　　本課介紹程序正義的概念、定義與重要性。上完本課，同學應能明白程序正義的定義，解釋其重要性，並能辨識自身經驗之中的哪些問題與程序正義有關。

關鍵詞彙

程序正義 procedural justice
正當法律程序 due process of law

檢視程序正義的議題

　　兩人一組，閱讀下面四個案例，回答「你的看法如何？」的問題。準備好後，請跟全班同學分享你們的答案。

■ 某人指控你做錯事，而且沒有給你機會解釋，就立刻處罰你。

■ 你和幾個朋友決定去看電影，當你到達朋友家討論要看哪一部電影時，你發現他們所決定要看的電影是你不感興趣的。而你生氣的原因，是他們都沒有等待你的意見，就做了決定。

■ 某市議會有一筆 500 萬美元的經費。市議會要召開公聽會，商量看看這筆錢怎麼用。市議會在各大媒體刊登公聽會的消息，邀請關心市政的民眾與機關團體踴躍

參加，集思廣益。這 500 萬是市民繳給政府的稅金，所以每一位市民都有權過問經費的用途。

■ 某國政府逮捕一名女嫌犯，懷疑她是恐怖分子。把她關起來嚴刑拷打，五天之後女子終於坦承，她就是參與很多件爆炸案的主嫌，是害死很多人的「恐怖炸彈客」。

你的看法如何？

1. 上述案例所採用的程序，哪些涉及蒐集資訊，哪些涉及做決定？

2. 以上程序公正與否？請詳細說明。

程序正義的目的

剛才討論的四個案例都跟**程序正義**有關。

所謂程序正義，就是用公正的方式處理某些事情。更明確的說，程序正義包括：

■ 用公正的方式蒐集資訊
■ 用公正的方式做決定

至於所做的決定本身公正與否，**並非**程序正義討論的範圍。

程序正義的目的包括：

■ 盡可能蒐集必要的資訊，以做出明智、正確的決定。
■ 在決策過程中，用明智、正確的方式，使用資訊。
■ 保障隱私權、尊嚴、自由，以及其他重要價值與利益（例如：分配正義與匡正正義），以及提升效率。

為何程序正義被認為很重要？

研究程序正義的學者專家常說，程序正義是自由的基石、法治的心臟。了解國際情勢的專家也認為，在重視程序正義的國家，人民比較自由、有尊嚴，基本人權也比較有保障。缺乏程序正義的國家，通常屬於專制集權。在許多人眼裡，尊重程序正義是民主政治的重要指標。

LESSON10

　　不熟悉程序正義的人，大概會以為程序正義相較於其他價值或利益而言是不重要的。然而對一般大眾而言，他們很難相信：如何獲取資訊及如何做成決定的過程和結果同樣重要。例如：大家比較重視國會通過哪些法案、總統公布哪些政策、法院做出哪些判決，通常不去關心中間的過程。很少人了解，警察如何蒐集證據、法院如何審理案件，都只在乎判決正不正確，有罪的人有沒有得到懲罰。

　　本單元的重點在於，探討地方與中央政府的作為，有沒有符合程序正義。然而，不是只有政府才要遵守程序正義，我們生活周遭大大小小的事情，小至家庭、學校、社區，大至企業、社會、國家，都要符合程序正義。

你的看法如何？

1. 請說出你在家裡、學校、社區所見跟程序正義有關的事情。

2. 為什麼民間企業也要遵守程序正義？

3. 哪一種政治體系比較重視程序正義？是民主政治、專制政治，還是集權政治？請從最近發生的事件，或是歷史事件中舉例說明。

為何執法機關與法院必須採取正當程序？

　　許多國家發現，必須給予執法人員適當的授權，允許他們蒐集犯罪證據、逮捕嫌犯；也必須允許執法人員舉行公聽會來決定一個人是不是有罪，或是調解紛爭。在美國，是由政府執法機關與法院負責蒐證與舉行公聽會。

　　我們將掌控生命財產的極大的權力，交由政府機關行使。所以，必須有一套規範界定政府機關的權限與責任。此規範禁止政

● 為什麼警察必須採取正當程序？

府未經正當法律程序，不能對人民判處死刑、監禁或沒收財產。也就是說，一個人有罪與否，必須讓他有公正陳述意見的機會，否則政府不能任意剝奪他的生命、自由、財產。正當法律程序也要求執法機關在蒐證、逮捕的時候，必須尊重他人的隱

私、人性尊嚴與自由，並且秉持公正。

執法機關與法院必須遵守的程序正義規範，是根據國會、州議會，以及其他政府機關遵行的法律擬定。

《美國憲法》與《權利法案》（Bill of Rights）對於程序正義也有許多規範，下面列舉幾項：

憲法增修條文第 4 條《權利法案》，1791 年制定：人民有保護其身體、住所、文件與財產之權，不受無理拘捕、搜索與扣押，並不得非法侵犯，除有正當理由，經宣誓或代誓宣言，並詳載搜索之地點、拘捕或搜押之人或物外，不得頒發搜索票、拘票或扣押狀。

憲法增修條文第 5 條《權利法案》，1791 年制定：非經大陪審團提起公訴，人民不受死罪或辱不名譽罪之審判，但戰時或公共災難時期現役之陸海軍或國民兵所發生之案件，不在此限。同一罪案，不得令其受二次生命或身體上之危險，不得強迫刑事罪犯自證其罪，亦不得未經司法程序使喪失生命、自由或財產，非有公正賠償，不得將私產收為公有。

憲法增修條文第 6 條《權利法案》，1791 年制定：刑事案件被告有權提出下列要求：要求由罪案發生地之州及行政區之公正陪審團予以迅速及公開之審判，並由法律確定其應屬何區、要求獲悉被控之罪名及理由、要求與原告之證人對質、要求法院以強制手段促使對被告有利之證人出庭作證，並要求由律師協助辯護。

為何要監督政府的行政與立法體系？

一般人通常只注意執法與司法機關的活動有沒有牽涉程序正義的問題，而比較不注意政府其他部門。這是因為犯罪和審判比較受到公眾注意，勝過於政府的行政及立法部門。

行政與立法機關的決策與行動，都會

● 國會的決策，關係人民的福祉。想想看，國會遵守程序正義，為什麼很重要？

影響到國家的未來。每一個國民都有權監督，行政與立法機關的決策。例如：宣戰、控制貿易、徵收稅金，以及決定稅金的用途，都跟我們的生活息息相關。

政府握有那麼大的權力，所做的決策又關係到國家的命運，一定要採用正當的程序來蒐集資訊及做成決策，不僅能使決策更明智及公正，且能確保公眾支持這些決策。

你的看法如何？

1. 前面三項憲法增修條文，包含執法機關與法院在蒐證與決策時，應該遵守的程序。這些條文內容，在哪些方面符合程序正義？

2. 政府（地方政府或中央政府）行政、立法機關的哪些決策，對你的生命、自由、財產造成重大影響？

3. 請提出你的親身經歷，或是你看到的一些例子，說明政府的行政、立法機關遵守程序正義，贏得人民的信賴。

是否在任何情況下，都要遵守程序正義？

如果法院用不正當的程序，將無罪的人判刑，一定會引起公憤。但是，如果嫌犯罪證確鑿，是不是可以跳過司法程序，直接關進監獄，以免再度危害社會？

幾百年前，有一位作家名叫馬基維利（Niccolo Machiavelli，1469～1527），他認為只要目標正確，可以不擇手段。比方說：為了建立民主自由的國家，發動戰爭也在所不惜。他在著作《君王論》（The Prince）寫道：「只要結果對人民有好處，不必在乎手段正不正當。」（The act accuses, the result excuses.）

從前在英國，有一群人為了躲避政府的迫害，飄洋過海來到美洲大陸，建立了美國。從他們的遭遇可以看到，一個國家如果沒有程序正義，政府就可以隨便迫害人民。

● 馬基維利認為只要目標正確，可以不擇手段。你認為，這樣做會有哪些問題？這種想法與程序正義的關聯性是什麼？

當時，英國政府認為這些人都是叛國賊，沒有經過審判，就宣告他們是罪犯，甚至懸賞捉拿。官員沒有搜索票就隨便進入民宅搜索。很多人被押到國外祕密審判，這種祕密法庭通常沒有陪審團，只有一位法官負責審理。

好不容易建立了新國家，這些人決定約束政府的權力，保障人權。他們制定新的法律，規定政府不得非法搜索民宅，也不能非法逮捕、訊問、審判、監禁人民。

這些人希望建立新的制度，賦予人民永遠監督政府的權力。他們認為，政府是人民的公僕，不應該握有太大的權力。

你的看法如何？

1. 你認為支持馬基維利主張的政府，會不會重視程序正義？請說明理由。

2. 一個社會若是立基於馬基維利的思想，可能有哪些優點和缺點？

3. 哪一種政府體系比較能遏止犯罪 —— 遵循馬基維利思想的政府？還是遵循美國立國精神的政府？哪一種可能會鎮壓異議分子？哪一種比較能保障人民的權利和自由？

→ 學以致用

1. 從報章雜誌還有電視報導找出跟程序正義相關的事件，在課堂上報告，再跟同學討論，看看在這些事件中，蒐集資訊與決策的程序的公正性。

2. 仔細閱讀《權利法案》以及《美國憲法》增修條文第 14 條，找出跟政府蒐集資訊與決策程序相關的條文。這些條文如何保障人民接受公平審判的權利？如何保障重要的價值（例如：隱私權、尊嚴與自由）？

第十一課 如何評估程序是否公平？

本課目標

　　本課將複習程序正義的目標，並介紹三個解決程序正義議題的「思考工具」。學完本課，同學應能說明這些「思考工具」的用途。下一課我們將學習程序正義的第四個「思考工具」。

關鍵詞彙

完整 comprehensiveness
事前通知（知會）notice
可預測性 predictability
彈性 flexibility
可靠性 reliability
中立（不偏不倚）impartiality
發現錯誤 detection of error

如何檢視程序正義的議題？

　　此處的學習重點是，你應該明瞭程序正義的目的是：

■ 盡可能獲得可靠的所需資訊，以增加做出公平決定的機會。
■ 確定做決定時，能明智公平使用資訊。
■ 保障重要價值與利益，如隱私權、人性尊嚴、自由、分配正義、匡正正義，以及提升效率。

這些基本目的，可用來評估我們所採用的程序是否公平。然而，目的是概括的，可能不容易使用於每一個特定情況。下面介紹的「思考工具」，有助於判斷政府機關或其他團體所採用的程序是否公平。

本課先介紹三個步驟。下一課將學習第四步驟。當你在本單元所呈現的案例情況應用這些步驟時，會發現不同的案例要用不同的工具，加以分析。

資訊蒐集的思考工具

本練習由老師帶領全班討論或分組討論，再發表意見。

閱讀程序中的每個步驟，將這些步驟應用到課文的例子上。回答每個步驟中的問題，然後討論每個步驟的用途。舉例說明，如何將其應用到自己所經歷或看過的情形。

步驟（一）
辨別「資訊蒐集程序」
的目標

何種資訊應該被考慮？為何這些資訊是必須的？

例：女警開車經過一家銀行，正好聽到警鈴大響，有一個人神色慌張的匆忙離開銀行，女警上前將這個人攔下，予以搜索。

●市議會開會，應該遵照哪些程序？

例：市議會在確定公園將設置何種休閒（遊樂）設施前，召開聽證會。

步驟（二）

評估「資訊蒐集程序」

衡量該程序能否確保我們可蒐集到，有助於做出明智且正確之公平決定，所需要的必要資訊？

要回答這個問題，必須斟酌下列條件：

a. 完整

使用的程序，是否完整或完成？也就是說，這些程序能確保我們從**所有**利害關係人蒐集到**所有**可做出公平決定的必要資訊？

例：華特‧雷利被控叛國罪，但法庭在審理中不讓他陳述自己的意見。

例：位於美國首府華盛頓特區的國會，各委員會對於可能有必要制定新法律的議題，如醫療或促進飛航旅遊安全等，通常會先舉辦公聽會。有興趣的民眾及團體都可以參加，只要他們來到華盛頓，都有權利發表意見。

b. 事前通知

有無事先**知會**參加者，舉辦聽證會的**時間**及**理由**，好讓他們有充分的時間準備？

例：政府當局未事先告知凱莉被控訴的事由，以及開庭的時間、地點。

例：市議會要舉辦公聽會，討論都市計畫區域規劃。開會前兩個月，市議會請人廣泛的宣傳公聽會的消息。

紀登（Clarence Earl Gideon，1910～1972）。你認為美國最高法院對紀登訴溫萊特（Gideon v. Wainwright）一案所做成的判決，帶來哪些益處與代價？

c. 有效表達意見

採用的程序，能否給參與者**有效表達**意見的機會，以做為決定時的參考依據？

例：以前在美國，一般刑事案件的被告如果沒錢請律師，就只能出庭替自己辯護，重大刑案的被告，才能擁有法院指派的公設辯護人。這個規定直到 1963 年，美國最高法院審理紀登（Gideon）訴溫萊特（Wainwright）一案才有所改變。

例：美國現在刑事案件被告如果請不起律師，法院都會指派一位公設辯護人，這筆費用由納稅人繳給政府的稅金支付。因為，實在太多被告請不起律師，一位公設辯護人常常在一天之內要幫多位被告辯護，有時出庭之前只有 10 到 15 分鐘準備。

d. 可預測性與彈性

採用的程序，是否具有充分的**可預測性**（有沒有事先排定）？是否有**彈性**（能夠改變或配合當時情形以促進正義）？

例：艾莉西亞的審判程序，未事先排定程序，開庭時法官隨意自己進行。

例：莎拉的名字雖然已排入會議議程，可以在社區團體聚會中發言，她卻因車輪爆胎而遲到。當她抵達會場時，會議已近尾聲，但在她解釋遲到理由後，主席仍允許她上台發言。

e. 可靠

採用的程序，能否確保蒐集的資訊是**可靠**或值得信賴（trustworthy）的？

例：法庭不讓華特・雷利跟對他做不利證詞的證人，進行交互詰問。

例：一名目擊證人獲法院允許作證說明，他目睹一座橋樑崩塌時的情形，但因為他沒有建築或工程方面的學位，法院不允許他當專家證人。

步驟（三）

評估「做成決策」的程序

採用的程序，是否能確保所蒐集的資訊被公平正確的使用？資訊有無遭到不當使用？

要回答此問題，必須依據下列考量加以斟酌：

a. 中立

程序能否確保決策過程**不偏不倚** —— 沒有偏見？

例：負責華特・雷利案的一位法官，是他的宿敵。

例：以前，法官如果判定被告有罪，可以要求被告繳交罰金，法院會把這筆罰金交給法官，當作獎金。

b. 公開

程序是否允許有興趣的**大眾**參加，以**觀察**資訊如何被運用於決策過程中？

例：瑪麗亞半夜遭人祕密逮捕，審訊在牢裡進行，沒有陪審團。除了法官、警察，以及對她做出不利證詞的證人外，村子裡沒有人知道她正在受審。

例：《美國憲法》增修條文第6條規定：被控犯罪者，人人皆有權接受公開審訊。

c. 發現錯誤及修正的可能性

　　程序有無提供機會，讓有興趣的人得以**察覺錯誤**並**及時修正**？

例：蓋瑞在一審被判有罪後，立即發監執行。在入獄前，他根本沒有機會對其判決提出上訴。

例：雖然市議會決議：新建學校的申請，必須事先訂立契約。但會議紀錄對此決議，卻沒有任何記載。

你的看法如何？

1. 政府機關的人員是否被允許，可以透過任何管道取得民眾的資訊？為什麼可以？為什麼不可以？有什麼價值或利益可能遭受損害？

2. 完整與否、事先通知、有效陳述、可預測性、彈性、可靠性等考量，如何幫助我們評估蒐集資訊，所使用的程序是否公平？

3. 中立、公開程序、發現錯誤及修正的可能性等考量，如何幫助我們評估蒐集資訊，所使用的程序是否公平？

● 學以致用

1. 帶一份有關程序正義議題的新聞報導到班上，新聞來自電子媒體或平面媒體皆可。先向同學敘述問題，然後討論其中蒐集資訊，以及做決定的程序，是否公平。

2. 閱讀《權利法案》全文和《美國憲法》增修條文第4條。找出跟政府蒐集資訊，以及決策過程有關的條文。哪些條文保障人民接受公平審判的權利？哪些條文保障重要人權（例如：隱私權、尊嚴、自由）？

MEMO

LESSON 12

第十二課　程序正義應該考量哪些價值與利益？

本課目標

　　在本課中，你將檢視程序正義「思考工具」的第四步驟。你要應用在本單元中所學到的「思考工具」，去評估《基度山恩仇記》（The Count of Monte Cristo）的案例。

　　上完本課後，同學應能使用「思考工具」的所有步驟，評估各種不同情況所採用的程序，是否公平，並採取立場、為其辯護。

為何應該考量相關價值與利益？

　　程序正義之「思考工具」的前三個步驟，還不足以讓我們決定所採用的程序，是否公平。一個程序可能可以讓政府成員或其他人有效的蒐集資訊或評估資訊，卻可能侵害了重要的價值和利益，因此在評估程序是否公正的時候，必須也將相關價值與利益列入考量。接下來，第四步驟就是要注意這個重點。

考量價值與利益的思考工具

　　這個活動要練習程序正義「思考工具」的第四步驟。可以由老師帶領同學，以討論的方式或以分組的方式進行，然後再由全班一起討論。

　　請閱讀以下所有程序步驟，回答每個步驟中所列出的問題。然後，討論每個步驟的用途。請舉例說明，如何將這些步驟應用到你所經歷或看過的情形。之後，回答「你的看法如何？」的問題。

步驟（四）

考量相關價值與利益

　　程序能不能保障相關的價值和利益？

　　要回答這個問題，必須考量下列事項：

a. 隱私與自由

　　程序有沒有侵犯個人隱私與自由？

例： 現在機場安全人員都會檢查旅客，用 X 光掃描行李，必要的時候還會搜身。

例： 在獨立戰爭爆發之前，北美是英國的殖民地，當時英國軍人只要懷疑某人可能涉及走私或者其他非法活動，就可以在任何時間進入那個人的住宅搜索。而現今，警察要搜索民宅必須先向法院申請搜索票，通常要具備充分的理由，顯示搜索對象確實涉嫌重大，法官才會簽發搜索票，警察只能進入搜索票上指定的場所，不能隨便搜索其他的地方。

例： 美國南北戰爭期間，林肯總統下令暫停部分地區居民人身保護令。因此，政府可以不必說明罪名，也不必經過法律程序，就將人民終身監禁。

●林肯總統暫停人民人身保護令之舉，與其他重要價值和利益如何衝突？

b. 人性尊嚴

　　無論一個人的想法或行為如何，程序是否侵犯人性基本**尊嚴**。

例： 在某些國家，政府只要認定一個人有犯罪嫌疑，就可以對他刑求逼供。

例： 在美國，有些訴訟案件的當事人會請法院不要公開審理。

c. 分配正義

　　程序是否違反**分配正義**的原則？

例： 最近，市議會在一個重要的社區議題會議，議程排定給予某團體 30 分鐘的發言時間，而其他團體卻只能各自發言 10 分鐘。

例： 根據美國歷史，以前在美國只有白人男性才可以投票和出任陪審團成員。

d. 評估實際情況的合理性

　　程序是否符合合理的**實際考量**？

例： 開庭過程中，因被告屢屢情緒失控，而使得審理程序暫停多次。法官因此警告被告如果再擾亂法庭秩序，就把他趕出法庭。

例：瑪莎到小額法庭（Small Claim Court）提出告訴，說她辛辛苦苦種的玫瑰花，全部被鄰居山姆養的狗給咬爛了，要山姆賠償美金 35 元。瑪莎請另外一位鄰居幫她作證，這位鄰居也覺得瑪莎是對的，可是如果出庭就要跟公司請假。瑪莎認為除非可以要求鄰居作證，不然得不到公正的審訊。

你的看法如何？

1. 程序正義必須考量隱私、自由、人性尊嚴、分配正義，目的是為什麼？

2. 為什麼考量實際情況，對於程序正義很重要？

3. 為什麼有些方法可以很有效的蒐集資訊，卻會侵犯重要的價值與權益？

運用思考工具評估程序正義

下面的故事，是根據作家大仲馬（Alexandre Duma, 1802～1870）的著作《基度山恩仇記》（The Count of Monte Cristo）改寫。雖然這不是真實事件，然而大仲馬的小說是以 19 世紀很多法國政治犯的真實經驗寫成的。現在，請以小組或與一位學習夥伴合作的方式，完成第 103 頁「思考工具」表格裡面的問題，並把你們的結論跟全班同學分享。

基度山恩仇記之唐德入獄

臨終的付託

1815 年冬天，一艘三桅貨船在地中海上緩緩航行，開往法國的馬賽港。昏暗的船艙裡，得了腦膜炎的船長躺在床上奄奄一息。眼看自己大限不遠，船長把大副唐德叫來身邊交代後事。看著年輕的唐德，船長緊緊握住他的手：「唐

德啊！我的時間不多了，有一件事要拜託你，這件事情關係重大，你可千萬不能忘記。」

唐德淚流滿面，頻頻點頭：「你儘管交代，我一定辦到。」

「我死了以後，船長的棒子就交給你了。這裡有一封信要交給拿破崙將軍，把船開到艾巴島跟他碰面，他大概會給你另一封信，你再幫他轉交，記住了嗎？」

● 年輕唐德的故事，有什麼程序問題？

「送信是小事一樁！可是，拿破崙又不認識我，萬一他不願意見我，怎麼辦？」

船長摘下手上的戒指：「這個給你，他認得這個戒指。」話說完沒多久，船長就昏迷不醒，隔天就去世了。

那天晚上，唐德在床上翻來覆去，船長突如其來的付託讓他為難。拿破崙曾經是法國皇帝，後來打了敗仗被放逐到艾巴島，成了不折不扣的階下囚。儘管如此，很多法國人還是一心一意盼望他能重返法國，再登帝位。

現任的法國皇帝也有不少人支持，在這些人的眼裡，擁戴拿破崙的人都是叛亂分子，應該通通抓起來。新政府唯恐拿破崙東山再起，到處捉拿叛亂分子，其中不少人還被送上斷頭臺。全國上下瀰漫著一股恐怖的氣氛，老百姓都三緘其口，就怕跟拿破崙扯上關係，招來殺身之禍。唐德心裡很清楚，送這封信可能會有麻煩，可是不送又對不起死去的船長。他只是個 19 歲的小夥子，根本不知道政治環境有多險惡，他想：「我又不認識拿破崙，也不是他的手下，就只是送個信而已嘛，哪會有什麼危險！沒有人會無聊到因為這點小事，就把我當成叛亂分子。」

到了艾巴島，拿破崙又拿出一封信，要唐德前往巴黎，交給一位諾提先生。唐德匆匆忙忙離開了艾巴島，前往馬賽港，他準備一回法國就跟他的未婚妻小梅結婚。

唐德完全不知道，有幾個人眼看他當上船長心裡很不是滋味。有人嫉妒唐德年紀輕輕就當上船長，有人恨唐德搶走小梅。他們偷偷寫了一封信給法國警方，把唐德跟拿破崙見面，還有送信的事全部講了出來。

逮捕唐德

大廳裡正在舉辦一場熱鬧的婚宴，談笑聲與音樂聲此起彼落。侍者擺上豐盛的菜餚，眾人的目光都集中在唐德與小梅這對新人身上，親朋好友齊聚一堂，共同獻上真誠的祝福。牆上的鐘敲了兩下，大家紛紛起身，準備前往教堂參加婚禮。

「該走了吧！」唐德的耳邊傳來小梅柔美的聲音，「已經兩點了，我們被要求要快一點。」

唐德猛點頭：「是該走了，是該走了，出發吧！」

就在這個時候，門外突然傳來一陣急促的腳步聲，聲音越來越逼近。接著，有人重重的敲門。

門外有人大聲喊：「開門！我有法院的命令。」門開了，一位警官和五位士兵走了進來，對著眾人大喊：「誰是唐德？」

唐德走到前面：「我就是。」

警官：「我現在依法逮捕你！」

唐德：「什麼？我犯了什麼罪？」

警官：「我不能告訴你，你見了檢察官就知道了。」

唐德不敢多問，只好跟親朋好友一一握手道別，臨走之前，他對家人跟小梅說：「不用怕，這一定是搞錯了，我馬上就回來。」

唐德坐上馬車，未婚妻追了出去說：「唐德，我在教堂等你！」

「我馬上回來！」

審訊

唐德被帶到檢察官維弗面前，巧的是維弗也是今天結婚。照理說，今天是他大喜的日子，他不應該來上班，可是好不容易抓到一個叛亂分子，說什麼也要趕來。不過，維弗也有不得不來的苦衷，他跟著新皇帝，好不容易才有今天的地位，一旦新政府被推翻，他的位子也就不保，所以絕對不能放過任何一個叛亂分子；更要命的是，維弗的父親是拿破崙的死忠支持者，這幾年一直暗中計畫要除掉新皇。為求自保，維弗不得不改名換姓，斷絕父子關係。他知道，對付叛亂分子絕對不能手軟，否則萬一別人拿他老爸作文章，他就倒大楣了。

他一見到唐德，態度就軟化了，他認為唐德是聰明、勇敢，並且誠實的人。唐德把船長的話還有送信的事，從頭到尾說了一遍，也告訴他自己不理會政治，維弗不得不相信他。

維弗點點頭：「好了，應該沒有什麼問題，你只是奉命行事，以後記得要小心一點，別的檢察官可不像我這麼客氣。」

唐德喜出望外：「那我可以走了？」

維弗：「沒錯，不過你要把信給我，就是拿破崙叫你轉交的那封信。」

唐德：「應該在您的桌上，我進來的時候，就交給他們了。」

唐德正要離開，背後卻傳來一聲「等等」，只見維弗臉上堆滿微笑。維弗：「這封信要交給誰？」

唐德：「諾提先生，他住巴黎。」

維弗的臉色突然變了，好像被雷劈到一樣，連站都站不穩。他倒在椅子上，看著那封要命的信，全身都在顫抖。

「住在巴黎的諾提先生。」維弗的臉色慘白。

唐德：「是啊，您認識他？」

維弗：「開什麼玩笑！我對皇帝陛下忠心耿耿，怎麼可能會認識叛亂分子！」

唐德：「什麼？諾提要謀反？大人，我真的不曉得啊！」

維弗：「你怎麼知道要把信拿給諾提？」

唐德：「信封上面有寫啊！」

維弗：「這封信還有誰看過？」

唐德：「我沒有拿給別人看，我可以發誓！」

維弗嚇出一身冷汗，心想：「天啊！還好信落在我手裡，萬一讓皇帝陛下知道諾提就是我爸，那我就完了。」他看著唐德：「我暫時不能放你走，要跟法官報告才行，現在我要幫你一個大忙。」他把信扔進壁爐：「沒有證據，誰也不能定你的罪。」

唐德感激的不得了：「大人，你是我的救命恩人！」

維弗：「你信不信任我？」

唐德：「當然信任。」

維弗：「聽好，不管發生什麼事，都不要跟別人提到送信的事，不然你會很危險。」

唐德：「我死也不會說出去。」

唐德得知他的命運

維弗按了按桌上的鈴，一位警察馬上進來，維弗跟他說了幾句悄悄話，那警察點點頭。

維弗拍拍唐德的肩膀：「跟他走，他會帶你去安全的地方。」

四名帶槍的警衛帶著唐德步出警察局，駕著一輛馬車穿過昏暗的夜色。到了港口，馬車突然停下，迎接他們的是十二名士兵。

唐德覺得不太對勁：「難道這些人是來抓我的？」

他們坐上一艘船，唐德坐在警衛中間，動彈不得，小船迅速駛出海港。

唐德再也忍不住了：「這是要去哪裡？」

警衛：「你馬上就知道了。」

唐德六神無主，腦中閃過千百個念頭：「他們是不是打算把我丟在荒郊野外？」他看看港口，沒有一艘船隻停泊，又想：「他們沒把我綁起來，應該是會放我走。」何況，維弗也說過只要不把送信的事說出去，就不會有事。他一語不發，靜靜的等待。他看見不遠的岸邊，一間屋子裡傳出燈光，那是小梅的家。

唐德想：「如果我大叫，小梅一定能聽到，可是這些警衛會把我當成瘋子，算了，還是不要大呼小叫。」

他看看旁邊的警衛：「先生，求求你告訴我這是哪裡，我會乖乖跟你們走。」

警衛：「告訴你也無所謂，你不是船長嗎？怎麼連這裡都不知道？」

唐德：「我真的不知道。」

警衛：「你仔細看看。」

唐德站起來看看四周，映入眼簾的卻是恐怖的伊孚監獄。三百多年來，這座監獄聳立在巨大的岩石上，許多政治犯被送到這裡，從此不見天日。監獄的外型，像極了絞刑的行刑台。

唐德兩腿發軟：「這是監獄！我沒有謀反，我沒有謀反！」

一旁的警衛只是冷笑。

唐德：「我不要坐牢！那是政治犯待的地方，我又沒有謀反，你們憑什麼關我！裡面有沒有法庭？我要法官還我清白！」

警衛：「想得美！那裡只有典獄長跟士兵，當然還有四面牆壁陪伴你，哈哈！」

唐德：「你們要把我關在這裡？」

警衛：「這還用問嗎？」

唐德：「我又沒有被法官判刑，誰敢關我！」

警衛：「你不是見過維弗檢察官了嗎？」

唐德想跳船，可是眼尖的警衛早就發覺，把他團團圍住。船停靠在岸邊，陰森的伊孚監獄四周點起了火把，顯得有些刺眼，獄卒把唐德帶到一間牢房，他已經沒有力氣掙扎，只能被拖著走，好像在夢遊一樣。獄卒丟給他一塊麵包：「拿去，這是你的晚餐，這水你拿去喝，那堆稻草就是你的床。」

黑暗的牢房，聽不到一點聲音。隔天早上，獄卒把門打開，看到唐德還是站在那裡，動也不動，一雙眼睛哭的紅腫，顯然一晚沒睡。

獄卒拍拍唐德的肩膀：「你一個晚上沒睡啊？」

唐德：「我不知道。」

獄卒：「要不要吃點東西？」

唐德：「我不知道。」

獄卒：「要不要我幫你拿點什麼？」

唐德：「帶我去見典獄長。」

獄卒：「那可不行。」

唐德：「為什麼？」

獄卒：「那是規定，你以後到廣場散步可能會碰到他。我們准你去，你才能去，就算你碰到他，他也不一定會理你。」

唐德涼了半截：「我什麼時候才能去廣場？」

獄卒：「不知道，看你的運氣囉！」

唐德就這樣被關了十四年，後來好不容易才逃出伊孚監獄。

● 你認為唐德被定罪的過程，符不符合程序正義？你會做哪些改進？

學以致用

1. 找出故事裡面違反程序正義的地方，對照《權利法案》，看看違反哪些條文。
2. 觀賞跟警察、偵探、法庭有關的電視節目，運用前面學過的「思考工具」，看看裡面的法律程序有沒有問題。

程序正義思考工具表	
問題	答案
1. 要蒐集哪些資訊？為什麼要蒐集這些資訊？	
2. 用這種程序蒐集來的資訊，是否正確可靠？請從下面的角度思考： 　a. 程序的完整性 　b. 通知（知會） 　c. 有效的表達意見 　d. 可預測性及彈性 　e. 可靠性	
3. 資訊有沒有遭到不當使用？請從下面的角度思考： 　a. 中立（不偏不倚） 　b. 公開程序 　c. 發現錯誤和修正的可能性	
4. 程序能不能保障重要的價值及利益？請從下面的角度思考。 　a. 隱私與自由 　b. 人性尊嚴 　c. 分配正義 　d. 評估實際情況的合理性	
5. 能不能達到程序正義的目的？如有必要，哪些地方需要改進？	
6. 請說明你的立場。	

LESSON13

第十三課　評估程序正義？

本課目標

　　在本課你將運用前面所學的「思考工具」，研究一件歷史案例。這是發生於 1920 年代，兩人涉嫌謀殺與持槍搶劫的真實事件。這一課的思考練習，是請全班同學一起召開特赦聽證會，決定是否建議州長暫緩批准死刑。學完這一課，你應針對該案例的程序是否公平，加以評估、採取立場，並為其辯護。

針對歷史案件的程序，加以評估並採取立場

　　請你運用在本單元所學的「思考工具」，處理下列有關程序正義的問題。

　　這個案子發生在 1920 年代的美國，當時引起世人高度關注。沙柯（Nicola Sacco）和文耶提（Bartolomeo Vanzetti）被控犯下謀殺案，很多人懷疑內情並不單純，認為這兩人會捲入此案，可能與他們的政治立場有關。而法官審理的程序，也引發不少爭議。

　　閱讀本案例後，請與一位同學合作，運用第 103 頁程序正義的「思考工具」表，思考這個案例。你會向州長提出什麼論點，做為請求暫緩批准執行死刑的理由？請討論案例後面所列出的問題。

沙柯與文耶提案（The Case of Sacco and Vanzetti）

罪

1920 年 4 月 15 日，這一天鞋廠要發薪水，會計把將近美金 16,000 元的現金分裝在每個員工的薪水袋裡，再把薪水袋放進兩個鐵盒。

下午三點，會計跟警衛拿著鐵盒前往工廠。當時，路邊站著兩個人，其中一個突然向前，掏出手槍，一語不發就朝警衛開槍，中槍的警衛倒在地上，那人又對他開了一槍，會計見狀，連忙逃命。歹徒從他背後開了兩槍，會計倒在地上，血流如注。

一輛黑色的轎車開了過來，裡面坐了兩、三個人，開槍的歹徒拿起鐵盒，跳上後座，車裡的人又朝警衛開了一槍，隨後揚長而去。警衛當場死亡，會計隔天也宣告不治。

偵查

案發當時，警方在別的地方調查一起類似的案件，歹徒也是一群人，也開黑色轎車。兩起案件的目擊者都認為，歹徒應該是義大利人。

案發後不久，警方在一家修車廠發現一台疑似歹徒乘坐的黑色轎車。根據調查，車主是義大利人，名叫麥克・博達。5 月 5 日晚間，博達跟另外三個人到修車廠取車。修車廠老闆依照警方的指示，騙他們說車子還沒修好。

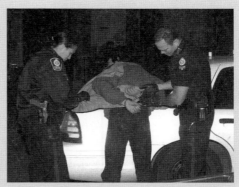

● 逮捕不諳英語的嫌犯時，怎麼做才能符合程序正義？

博達跟一位朋友騎機車離去。目擊者指出，另外兩個人上了電聯車。四人離去後，修車廠老闆娘立刻通知警方。警方接獲消息立刻出動，結果沒有發現

博達，只逮捕了坐電聯車的那兩個人。從此，博達好像從人間蒸發了一樣，再也沒有他的消息。

　　警方的紀錄沒有兩人的資料，兩人被捕時身上帶著槍，槍裡還有子彈。一人名叫尼可拉·沙柯（Nicola Sacco），另一人名叫巴托密歐·文耶提（Bartolomeo Vanzetti），都是義大利人，沒有美國國籍。

　　警方在電聯車上逮捕兩人的時候，並沒有說明理由。兩個人的英語都不是很好，也不熟悉美國憲法，不知道自己有哪些權利。

　　警方起初並不知道，這兩個人是支持無政府主義的激進分子。無政府主義認為，政府對人民沒有好處，所以不需要有政府。警察局長問到沙柯與文耶提的政治立場，他們擔心遭到迫害，所以隱瞞不說。

紅色恐怖

　　當時，美國舉國上下瀰漫著一股恐慌。激進分子四處引爆炸彈，造成不少傷亡，社會動盪不安，人心惶惶。這種緊張的氣氛，也在世界各個角落蔓延開來。

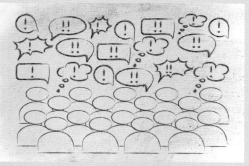

●輿論如何影響法庭審判？

　　1917年，蘇俄的布什維克黨（共產黨）在列寧與托洛斯基領導之下，發動革命取得政權。消息傳到美國，很多人大為震驚，害怕同樣的情形會在美國上演。當時，不少美國人把共產黨員與無政府主義者視為洪水猛獸，擔心這些人會發動政變，推翻政府，把美國變成共產國家。舉國上下的恐慌，簡直到了歇斯底里的地步。警方到處搜捕，任何人只要有造反的嫌疑，就會被抓。政府當局一再突擊民眾的家庭聚會、社團會議，以及公共場所的集會，捉拿可疑分子。光是1920年，警方就逮捕了將近四千人，其中絕大多數是外籍人士，不少人遭到驅逐出境。

　　沙柯和文耶提根本不知道自己是被逮捕，警方也沒有解釋就將兩人移送地檢署。檢察官問到政治立場，兩人還是不敢說實話。後來檢察官發現他們是無政府主義者，就一口咬定這兩個人一定還隱瞞了其他事情。

法庭攻防

　　檢方以謀殺罪嫌起訴沙柯和文耶提。1921 年 5 月 31 日，法院正式開庭審理。沙柯和文耶提聘請佛瑞德・摩爾（Fred Moore）為辯護律師。摩爾是個激進分子，對自己的政治立場毫不隱瞞。他公然擁護共產主義，宣稱兩名被告是「遭到資本主義迫害的勞工階級」。承審法官韋伯斯特・泰爾（Webster Thayer）跟律師摩爾的政治立場不同，打從一開始兩人就互看不順眼。

　　審判長達七週。由當時偵訊兩名被告的檢察官擔任控方。法院花了不少時間遴選陪審團成員，從七百多人當中選出十二位。

　　開庭當天，平靜的麻州德罕小鎮擠滿了人潮，警衛站在法院門口，每一位民眾進入都要搜身。帶槍警衛將兩名被告從監獄帶到法庭。被告一直戴著手銬，看起來像極了目無法紀的亡命之徒。

　　檢方傳喚目擊證人瑪莉・史珮（Mary Splaine）出庭，她說沙柯就是從轎車裡面開槍射殺警衛的兇手；可是等到辯方律師訊問，史珮又坦承案發當時，她站在離車子很遠的地方，而且車子很快就開走了，她只瞄到一眼，根本沒看清楚車裡坐了哪些人。

● 圖為負責看守監獄的警衛。當時沙柯與文耶提就是關在這座監獄。法院審理備受曯目的案件（例如本案）應該注意哪些程序？

　　檢方與辯方的交叉訊問也顯示，史珮一年以前曾經前往警察局指認兇手，警方拿幾張照片給她看，當時她認出其中一張就是兇手的照片，可是那張照片裡面的人，並不是沙柯。警方又帶她去監獄指認，依照規定，警方應該安排幾位嫌犯排成一列，讓目擊者指認。可是史珮只看到沙柯一

個人，而且不是只看一次，前前後後一共去了三次，後來她就改口指稱開槍的人是沙柯。

　　檢方傳喚的其他幾位證人都跟史珮一樣，本來指認的是別人，後來去了幾次監獄，看到沙柯跟文耶提，才改口供稱這兩個人是兇手。兇案發生太快，幾位目擊者根本沒看清楚兇手的長相，可是警方一直帶他們去看沙柯跟文耶提，久而久之，他們就說是這兩個人開的槍。

　　檢方隨後指出，兩名被告在警局接受偵訊的時候，刻意隱瞞自己的政治立場。檢方認為這兩個人一定是作賊心虛，否則何必說謊？檢方拿出證物，是一頂在案發現場找到的帽子，檢方說這是沙柯的帽子。辯方律師、沙柯本人，以及妻子立刻反駁：那頂帽子太小了，沙柯根本戴不下，怎麼會是他的？

　　檢方傳喚幾位專家作證，這些人指出警方從文耶提身上搜出的手槍，就是被害警衛的配槍。檢方認為，文耶提在警衛倒地不起之後，偷走那把槍。

　　檢方又宣稱，被害警衛身上的子彈是從沙柯的手槍射出，辯方律師當時沒有提出反證，後來傳喚彈道專家作證，反駁檢方的說法。事實上，警方逮捕兩人之後，並沒有仔細比對手槍跟子彈。

左為巴托密歐・文耶提（Bartolomeo Vanzetti），右為尼可拉・沙柯（Nicola Sacco）

在開庭期間，檢方一再強調兩位被告是無政府主義者、是激進分子，檢方還指出，在第一次世界大戰的時候，兩人逃避美國軍隊徵召，跑到墨西哥。

檢方陳述完畢，輪到辯方。律師讓文耶提與沙柯先後站上證人席，兩人對案發當天的行蹤交代不清，陪審團覺得相當可疑。

沙柯當時失業、文耶提靠賣魚維生，他無法提出當天的不在場證明。律師問文耶提為什麼帶槍？他說是為了安全，因為進貨常常需要攜帶大筆現金。文耶提坦承，在接受警方偵訊的時候隱瞞自己的政治立場。他在庭上解釋，他覺得如果美國政府知道他是無政府主義者，一定會把他遣返回義大利，所以不敢告訴警方。

沙柯接受檢方訊問時表示，雖然在美國過得不錯，可是他對政府還是有許多不滿。辯方律師多次向法官提出抗議，說檢方提出的問題跟案情無關，然而法官泰爾一再駁回辯方的抗議。辯方律師後來傳喚幾位證人，這些人都說，兩名被告案發當時在別的地方。

判決

1921 年 7 月 14 日，兩造結辯，法官泰爾隨即指示陪審團做出裁決。在場人士指出，法官泰爾要求陪審團「捍衛祖國」、「對祖國誓死效忠」，用意相當可疑。

在開庭期間，檢方一直問被告有關政治立場的問題，法官泰爾也不加以制止。好幾個人聽到法官泰爾私底下嘲笑兩名被告，還用很難聽的話批評，然而這些說法都無法證實。

陪審團討論了五個小時，終於做出裁決：兩名被告一級謀殺罪成立。

辯方律師聲請重審，沙柯跟文耶提在牢裡等了六年，一直等不到重審的機會。

上訴

辯方律師提出新的人證，希望爭取重審。這位證人名叫古爾德，案發當時，他走在會計跟警衛後面，他說黑色轎車裡的人，絕對不是沙柯與文耶提。

新的人證還是無法讓法院重審,因為根據當時麻州法律,聲請重審必須向原承審法官提出,法官泰爾駁回聲請,理由是僅僅一位證人並不構成重審的條件。

辯方律師又指出,當時陪審團主席曾經說過「激進分子應該通通吊死,不管有罪沒罪」,律師認為,這表示陪審團對被告懷有偏見。泰爾再一次駁回重審聲請。

幾個月過去了,辯方又有重大發現:檢方的首席彈道專家表示,如果當時檢察官直接問他:「被害警衛身上的子彈,是不是從沙柯的手槍射出?」他會回答不是。律師又聲請重審,法官第三度駁回。

1925 年 11 月 18 日,出現重大轉折,因謀殺罪遭到判刑的人犯塞萊斯蒂諾・麥由羅斯坦承跟「莫瑞幫」(Joe Morelli gang)的同夥一同犯下該樁鞋廠強盜殺人案。莫瑞幫在美國是惡名昭彰的黑幫。辯方律師於是向麻州最高法院聲請上訴。

根據當時的法律,最高法院只能調閱原審判紀錄,不能參考新證據,因此最高法院裁定維持原判。

1927 年 4 月 9 日,歷經漫長的等待,沙柯與文耶提前往法院聆聽宣判,法官問他們有沒有話要說,文耶提站了起來,說:

「我被判有罪,是因為我是激進分子,又是一個義大利人,沒錯,我是激進分子,我也是義大利人。就算是一隻狗、一條蛇,就算是世界上最低等的生物,我也不希望他們受到我所遭受的冤屈。」

法官判處兩名被告死刑。沙柯與文耶提將被送上電椅處決。

最後的上訴機會

此時的輿論,轉而支持沙柯與文耶提。許多美國民眾儘管政治立場不同,都一致認為應該重審。全國各地都有抗議行動,反對法院將兩名被告判處死刑。一家報紙的社論寫出了人民的感受。

「太多疑點有待釐清,應該暫緩執行死刑。」

辯方律師團仍不放棄，繼續聲請重審，甚至上訴到美國聯邦最高法院，可惜一再遭到駁回。律師團要求麻州州長暫緩批准死刑。

法官韋伯斯特・泰爾（Judge Webster Thayer）

在特赦聽證會上辯護你的立場

全班進行特赦聽證會的角色扮演活動。請一位同學擔任麻州州長，州長再指定5-7位同學組成特赦委員會，負責討論要不要暫緩執行死刑。其餘的同學分為兩組，一組贊成暫緩執行，另一組持反對意見。兩組必須提出贊成或反對的理由。

每一組推派2-3位代表，向特赦委員會報告組員的意見。每組報告不能超過5分鐘，報告結束後有5分鐘的問答時間，由特赦委員會針對報告內容提出問題，兩組的代表負責回答。問答結束後，委員會討論是否建議州長暫緩批准。每一位委員都要跟州長報告自己的意見。州長聽完報告後，向全班同學宣布最後決定，並且說明理由。

你的看法如何？

1. 沙柯與文耶提一案的處理程序，符不符合程序正義？請說明理由。

2. 審判結束後 50 多年，美國政府公開了一部分資料。有人根據資料判斷，沙柯可能確實犯下謀殺。資料顯示沙柯是西西里激進組織的成員，依照組織的規矩，每一位成員都要發誓守密。另外，根據最近公開的美國聯邦調查局檔案，麻州法院其實沒有足夠證據判定文耶提犯謀殺罪成立，不過資料也顯示他可能涉案。部分資料則是指向莫瑞幫。看完這些，你認為本案的程序公平嗎？

3. 麻州州長最後駁回律師團暫緩死刑的請求，全球各地爆發大規模抗爭。在某些國家，憤怒的群眾包圍美國大使館；法國、義大利、美國的勞工罷工抗議；費城與紐約發生多起爆炸案。沙柯與文耶提仍然堅稱無罪。行刑前幾小時，數千民眾包圍監獄，數百名武裝警衛擋住監獄大門，與民眾爆發肢體衝突。最後，在 1927 年 8 月 23 日，歷經長達七年的監禁，沙柯與文耶提被送上電椅，結束了生命。

●法律訴訟採公開程序，對於達成程序正義的目的，有沒有幫助？

兩人死後，各地的抗爭仍未平息。1959 年 4 月，麻州一位議員提案要求州長追頒特赦給沙柯與文耶提。議員認為，兩人沒有得到公平審判，因為當時的審判程序違反《美國憲法》增修條文第 14 條有關司法程序的條款，以及麻州憲法當中的《權利法案》。如果你是麻州議員，你會不會支持這項提案？請說明理由。

4. 本案有哪些地方牽涉到匡正正義與分配正義？

學以致用

1. 美國政治家丹尼爾・韋伯斯特（Daniel Webster，1782~1852）曾經寫道：「所謂正當程序，就是先傾聽、再譴責，藉由調查發掘真相，審判終結之後才下定論。」根據韋伯斯特的定義，司法程序必須具備哪些條件才符合程序正義？

2. 美國一家報社克萊蒙特老鷹時報（Claremont Eagle Times）於 1920 年 9 月刊出下面這段話：「大家看得很清楚，政府對付共產黨與激進分子的程序（突擊檢查、逮捕、驅逐出境）嚴重違背司法。如果政府有任何理由懷疑這些人擾亂社會秩序、意圖顛覆政府，那政府也有責任保障他們公開受審的權利。」

   美國政府在 1920 年代「紅色恐怖」時期，大肆掃蕩共產黨與激進分子。許多外籍人士被捕，其中不少人沒有經過審判，就直接被關進監獄，不像沙柯與文耶提是經由法院判刑。現在請你寫一篇社論，假設現在是 1927 年，請你分析沙柯與文耶提一案當中的分配正義、匡正正義與程序正義。

3. 參觀當地政府機關，觀察公務人員蒐集資訊或決策的方式。比方說：可以觀察法院開庭、教育政策公聽會、市區劃分公聽會或是市議會開會。把你看到的程序記錄下來，跟同學討論，看看有沒有不公正的地方。

4. 寫一篇社論或畫一幅政治漫畫，主題是「沙柯與文耶提案的程序正義」，也可以用其他有關程序正義的議題當做主題。內容要突顯忽視程序正義，可能導致的後果。

English Edition Copyright ©1995.Center for Civic Education. Calabasas,CA,USA

All rights reserved. No part of this book may be reproduced or transmitted in any form or by any means, electronic or mechanical, or by any information storage and retrieval system, without permission in writing from the Center for Civic Education.

國家圖書館出版品預行編目資料

超級公民 —— 正義 / Center for Civic Education 原著；郭菀玲譯 .
-- 初版 . -- 臺北市：民間公民與法治教育基金會，
2019.07
面；　公分
譯自：Foundation of Democracy: Authority, Privacy,
Responsibility, Justice
ISBN 978-986-97461-4-4（平裝）
1. 公民教育 2. 民主教育 3. 社會正義

528.3　　　　　　　　　　　　　　108001005

超級公民 —— 正義

原 著 書 名：Foundation of Democracy: Authority, Privacy, Responsibility, Justice
著　作　人：Center for Civic Education
譯　　　者：郭菀玲
策　　　劃：黃旭田、張澤平、林佳範
系列總編輯：李岳霖
董　事　長：邱秋林
出　版　者：財團法人民間公民與法治教育基金會
編 輯 委 員：林孟皇、李岳霖、劉金玫、許民憲
責 任 編 輯：薛維萩、許庭瑛、五南編輯
地　　　址：104 台北市松江路 100 巷 4 號 5 樓
電　　　話：(02) 2521-4258
傳　　　真：(02) 2521-4245
網　　　址：http://www.lre.org.tw/
合 作 出 版：五南圖書出版股份有限公司
發　行　人：楊榮川
地　　　址：106 台北市大安區和平東路二段 339 號 4 樓
電　　　話：(02) 2705-5066
傳　　　真：(02) 2706-6100
劃　　　撥：010689563
網　　　址：http://www.wunan.com.tw
電 子 郵 件：wunan@wunan.com.tw
法 律 顧 問：林勝安律師事務所　林勝安律師
版　　　刷：2019 年 7 月一版一刷
定　　　價：200 元